让文物活起来

——文物合理利用经验集萃

国家文物局 ◎编

文物出版社

责任编辑　孙漪娜

责任印制　张道奇

图书在版编目（CIP）数据

让文物活起来：文物合理利用经验集萃 / 国家文物局编 .
-- 北京：文物出版社，2014.10
ISBN 978-7-5010-4093-3

Ⅰ . ①让 …　 Ⅱ . ①国 …　 Ⅲ . ①文物工作－工作经验－
中国　 Ⅳ . ① K87

中国版本图书馆 CIP 数据核字 (2014) 第 216063 号

让文物活起来
——文物合理利用经验集萃
国家文物局 编

*

文 物 出 版 社 出 版 发 行

北京市东直门内北小街 2 号楼

http : //www.wenwu.com

E-mail : web@wenwu.com

北京宝蕾元科技发展有限责任公司制版

北京燕泰美术制版印刷有限责任公司印刷

新 华 书 店 经 销

787×1092　1/16　印张：14

2014 年 10 月第 1 版　2014 年 10 月第 1 次印刷

ISBN 978-7-5010-4093-3　定价：98.00 元

声明：本书采用部分图片作者无法联络，如有版权问题，
请与我社联系，以便付酬。

目录

保护中利用、利用中传承的创新实践

文化部副部长、国家文物局局长　励小捷

党的十八大以来，习近平总书记就传承弘扬优秀传统文化作出了一系列重要指示，强调中国人民在实现中国梦的进程中，将按照时代的新进步，推动中华文明创造性转化和创新性发展，激活其生命力，把跨越时空、超越国度、富有永恒魅力、具有当代价值的文化精神弘扬起来，让收藏在博物馆里的文物、陈列在广阔大地上的遗产、书写在古籍里的文字都活起来。国家文物局多次召开党组会、局务会，深入学习领会习近平总书记系列重要讲话精神，各地文物部门和文博单位积极探索、努力实践，对文物合理利用的认识上升到了一个新的高度。

一

要推动文物合理利用工作，必须首先解决对合理利用的认识问题。

1992年，在全国文物工作会议上，瑞环同志发表重要讲话，强调文物保护"先救命、再治病"的急迫性，同时指出"合理、适度、科学的利用不仅不会妨碍保护，而且有利于保护"。1995年，铁映同志在全国文物工作会议上阐述了合理利用的重要性和保护与利用的辩证统一关系。2002年修订的《文物保护法》将合理利用正式写入文物工作十六字方针，以法律的形式予以明确。文物合理利用从提出到纳入《文物保护法》，历经十年，凝聚了广大文物工作者经过艰苦探索总结的实践经验，体现了新时期文物工作的客观规律，反映了人民群众对文物工作的普遍要求。

从入法到现在，又过了十多年，在文物合理利用方面我们取得了不少经验和成绩，但在对文物合理利用的认识上仍然有一些偏差。造成这种情况有主客观两方面原因。主观上，没有认清保护与利用的辩证关系，认为保护的任务十分繁重，多讲利用会影响保护，把利用与保护对立起来。客观上，在城镇化加快、房地产趋热的形势下，的确有人打着利用的旗号搞过度开发经营，损害了文物利用的声誉，以致有些同志害怕与企业经营搅到一起，对利用抱有少说为佳的心态。必须指出的是，这些问题的出现并非因为合理利用造成的。在文物工作中，保护永远是第一位的，但保护的第一位并不意味着利用不重要，就如同在全党全国工作大局中经济建设是第一位的，但并不意味着社会发展不重要一样。实现文物事业的科学发展，必须使保护与利用相统筹、相协调，既要重视文物保护工作，又要重视合理利用工作，在保护的前提下搞好合理利用，在促进合理利用的过程中实现更好地保护。

在国际上，对文化遗产的利用也屡屡见诸宪章、公约。1964年，联合国教科文组织通过的《威尼斯宪章》被公认为国际文化遗产保护事业的里程碑，其中首次提及利用的概念，并主张"为社会公用之目的的利用古迹永远有利于古迹的保护"。1972年《世界遗产公约》将保护、保存和展示共同提升至国家责任的高度。2008年《关于文化遗产地的阐释与展示宪章》将"利用"定义为：一切有利于增进对文化遗产正确认识和深入理解的活动。同时，这种利用被认为是一种极为重要且更加积极的保护方式。

从历史到现实，从国内到国外，都认为利用是文化遗产事业的应有之义。根本上说，文物是珍贵的不可再生资源，它具有极大的历史、艺术和科学价值，能够在诸多方面发挥重要而不可替代的作用。

第一，文物具有铭刻历史、传承文明的作用。《易经》讲，"形而上者谓之道，形而下者谓之器"，道为器之魂，器为道所依。数量众多、类型多样的文化遗产是中华文化之所以源远流长、一脉相承的实物见证，真实反映了各个历史时期的政治、经济、军事、文化、科学和社会生活，体现着中华民族旺盛的生命力和不竭的创造力。讲中华文明5000年绵延不断，讲中华文明起源由一元说到多元说，再到满天星斗、多元一体，依据就是考古发现的文物。文物不仅为中华优秀传统文化的传承提供了丰厚物质资源，而且为社会主义核心价值观的塑造提供了丰富精神滋养。文物工作不但收藏历史，而且也为未来收藏今天，成为把今天告诉未来的历史见证。

第二，文物具有教育公众、以文化人的作用。文物资源丰富的思想文化内涵，决定了它具有多种多样的教化功能。史前绚烂的彩陶，商周凝重的青铜器，秦汉气势磅礴的万里长城，隋唐光彩夺目的壁画，宋元精比琢玉的瓷器，明清技艺精湛的古建筑，说明了中华民族的伟大，给每一个中国人以民族的自豪和骄傲。造纸、印刷、火药、指南针，都江堰、大运河等中华古代发明，说明了中华民族的智慧，给当代人以民族的自信和创新的活力。圆明园的断壁残垣，南京大屠杀的万人坑，记载了中华民族历史上的耻辱，给人以心灵的震撼和图强的觉醒。近代以来为救亡图存、抵御外侮的无数民族英雄、革命志士，其人其事，其文其物，光照千秋，永世典范。这些都是弘扬中华文化，进行民族历史、中国共产党历史和社会主义教育的生动教材。

第三，文物具有印证历史、彰显主权的作用。我们的先人筚路蓝缕、播迁开发，在广袤的疆土河海留下了珍贵的文化遗存，成为见证祖国疆土的有力证据。遗存至今的西域都护府、新疆交河故城、伊犁将军府，是中国中央政府自汉以来对新疆实施有效管辖的忠实记录；矗立在南海岛礁上的石碑、建筑，收藏在博物馆里的大量历代地图文献，是中华民族历朝历代行使海疆主权的铮铮铁证。这些文物的展现，不仅有利于揭露分裂祖国、破坏民族团结的图谋，而且有利于在外交斗争中彰显国家主权、维护国家利益。

第四，文物具有促进发展、改善民生的作用。每一个列入《世界遗产名录》的文物保护单位，都会形成新的旅游热点，每一个国家考古遗址公园的建成，都会带来当地环境的改善、居民搬迁新居和就业岗位的增加。作为独特的人文资源，文物可以丰富城市内涵，提升城市品质，可以转化为旅游、文化创意等产业发展的资源，促进区域经济发展。

第五，文物具有促进中华文化走出去、扩大中华文化影响力的作用。近年来，围绕中华文化走出去，我国文物对外展览不断增加，渐成系列。在国际社会，文物部门与联合国教科文组织、国际古迹遗址理事会、国际博协等国际组织间的合作，也不时传递出中国的声音。文物可以跨越时空、穿越国度，与不同的文明形态对话、与不同政治制度国家的人民交流；文物可观赏、可感知，不像思想、文字那样抽象，容易引起不同语言、不同肤色人们的兴趣与共鸣，在传播文化、促进文明交流互鉴方面具有独特魅力。

二

就整体而言，经过数十年的努力，我国文物合理利用工作积累了不少经验，取得了明显成效，呈现出积极探索、加快推进的态势。同时要看到，当前，文物利用工作也存在着两方面突出问题，即利用"不够"和利用"不当"的问题。所谓"不够"，一是在文物历史、艺术、科学价值的挖掘、研究、展示上不够；二是在文物保护规划、维修方案中对利用的措施考虑不够；三是博物馆馆藏文物利用不够；四是对现代科学技术、信息技术、网络技术的运用不够。所谓"不当"，一是对一些热门景点进行不加限制的过度利用；二是只为经济效益不顾社会效益，甚至改变文物的公共资源性质，变为私人会所；三是对文物的利用存在简单化、雷同化，乃至庸俗化现象。

解决上述问题，要准确把握文物合理利用的基本原则。我认为有四个原则是应该普遍遵循的。一是一切利用都要以保护为前提。任何一种利用都不能破坏文物、损害文物，对文物做到最小干预，尽可能创造有利于保护的环境条件。二是一切利用都要建立在对文物历史、艺术、科学价值的深入研究、准确把握的基础之上，有利于增进公众对文物的正确认识和深入理解，坚持文化价值优先。三是一切利用都要以服务公众为目的。文物总体上讲是公共文化资源，文物事业也是公益性文化事业。任何一种利用，都应该是面向社会的、服务公众的，而不是为私人或特定人群服务的。四是一切利用都要尊重科学精神、遵守社会公德。文物的利用应该引领社会风尚，传播正能量，不能搞封建迷信，不能给伪科学提供舞台，更不能搞违背道德底线的事情。

这里，结合大家的发言和各地经验交流材料，我就如何推进文物合理利用，讲几条工作方面的要求：

第一，各级文物保护单位要尽可能向公众开放。博物馆的开放是不言而喻的，国有文物保护单位开放情况总体也是好的，但也存在着维修之后由于对展示利用缺少准备迟迟没有开放的问题。开放是文物公益性的基本体现，也是文物为社会、为大众服务的主要形式。强调尽可能对外开放是利用工作中最基本的但也是最重要的，不开放就谈不上利用。

国有各级文物保护单位中有一部分是由机关、事业单位和企业等使用的。这些单位要在不影响办公和生产的情况下，创造条件实现局部或者定时段开放。非国有文物保护单位向公众开放、提供展览展示服务的，各级文物部门应当给予支持和帮助。私人产权的民居类文物保护单位，要有标识和文字说明。考古工地和可移动文物修复现场可以确定固定开放日或向有组织的群体开放。各级文物部门要把开放工作纳入日程，把对系统外文物保护单位的开放纳入管理视野。

第二，要把保护与利用相统筹落实到文保项目的管理中。在制定文物保护工程方案时，就要同时制定开放利用展示方案，在立项审批、方案审核、经费安排上要一并考虑。修缮工程竣工验收后，应当具备开放展示条件。这一要求我们去年就提出了，但落实得不太好，因为做方案的机构、审方案的专家对此还没完全知晓，没解决"最后一公里"的问题，今后要加以完善。还有一点要说明，对于红色文物的展示利用，文物部门要解决必要的设施和条件，展览内容由当地宣传部门审定。

第三，要提高馆藏文物利用率，让收藏在博物馆里的文物活起来。全国馆藏可移动文物数量巨大，分布极不平衡。不久前，我们对央地共建中的9个博物馆馆藏文物展出率进行了统计，其中最高的不足5%，最低的仅1.2%，平均不足2.8%。而个别新建的市县博物馆，馆藏文物少得连一个基本陈列都充实不起来。从现在起，我们要将这一问题作为博物馆建设、博物馆免费开放中的重点工作，多出主意、多想办法，努力抓出成效。

各省文物部门要协调省市县区博物馆，通过总馆长制、院线制等有效办法，开展借展、联展、巡展，形成国有馆藏文物资源共享机制。国有博物馆可以通过调拨、交换、借用等方式，优化馆藏文物结构，帮助馆藏文物较少博物馆形成有特色的陈列展览。支持国家级博物馆之间和省际的联展、巡展。建立博物馆文物展览质量、数量考核评价制度，切实解决馆藏文物展出率不高的问题，解决新建博物馆藏品不足、展陈难的问题。部分考古院所长期以来不向博物馆依法按期移交出土文物，造成博物馆藏品来源断流，也不利于出土文物的保护与管理。这是我们行业内有法不依的突出问题，要采取综合措施认真予以解决。

第四，要加强策划，提炼展现中华优秀传统文化的精品展览。在我们的博物馆展览中不乏精品，但大多数还是按地域、年代、器型策展。首先说这很有必要，也容易形成展陈的特色。但是，在中央提出弘扬优秀传统文化，对传统文化进行创造性转化、创新性发展的新形势下，作为文物工作者、博物馆人不得不思考，如何依托文物资源，突出优秀传统文化的思想内涵，策划出一系列具有鲜明教育作用、彰显社会主义核心价值观的主题展览。比如以天人合一为主题、以诚信礼仪为主题、以孝文化为主题的文物展览等，让文物说话，讲中国故事。各省文物部门、各级文博单位要在文物历史文化内涵的挖掘上下工夫，要在展览的策划上动脑筋，要充分发挥地方资源优势和专业策展人、策展机构的作用。国家文物局将在全国征集评选这方面的策展方案，并在展品协调、经费安排方面予以支持。今年已经举办了海上丝绸之路展，正在策划陆上丝绸之路展，是这方面的积极探索，希望各省继续给予支持和重视。

第五，要积极鼓励社会力量参与文物的合理利用。多年来，我们一直强调鼓励和支持社会力量参与文物保护和利用，但是，鼓励社会参与的力度不够大，政策的吸引力不够强。在一些文物资源大省，较低级别的不可移动文物，主要是建筑类文物，数量甚多，不论保护还是利用，让各级财政包起来是难以做到的。引导社会力量参与保护与利用是一条正确的路子。当然，这项工作比较复杂，运作中要注意以下几点：一是由县级以上文物主管部门选择部分尚未得到有效保护利用的国有不可移动文物向社会转让使用权，这样就把主动权拿到了文物部门手里；二是要体现公开公正，面向社会公开征集文物保护利用的方案；三是方案的选择与确定，要经过专家和民众代表的论证、听证，征求社会意见，避免政府部门大包大揽；四是选定的方案要按照国有不可移动文物等级，报相应的文物主管部门批准后实施，实施前必须与受让方签订协议，明确其保护与利用的责任和权利，不能履行合同的，文物部门可以提前收回使用权。这里必须明确，出让使用权的目的是保护好、利用好文物，而并不是用使用权换取经济收益，在多数情况下是保护责任的转让，类似欧洲实行的一欧元买一个古堡的做法。目前，广东的碉楼、安徽的古民居、苏州民居、山西曲沃的古建筑已经实行了这种认养的方式，效果是好的，各地可以结合实际加以推广。

第六，充分运用现代信息网络技术，提升展示利用水平。要充分利用信息、网络等新技术，创新文物展陈形式和手段，创新文博数字产品传输方式，建立互动体验、即时共享平台，拉近文物与社会大众的距离，积极打造智慧博物馆。大遗址、考古遗址公园也要十分重视新技术的应用，因为我们的遗址大多为土遗址，地上物少，可看性差，又不能大规模复建，今后可能更多地要用虚拟现实、3D 场景再现等展示手段，加深对文化遗产的理解和认识。信息和数字技术既要广泛使用于科研和展示等公共文化服务领域，也要支持开发信息消费产品与服务，发展文化创意产业。我相信，观众愿意购买的产品与服务，一定是能够满足需求的高品质的产品与服务。

第七，要加强文物合理利用的理论研究和分类指导。文物利用问题十分复杂，因为文物类型多样，决定了利用的方式、目标、程度都会有所不同；文物资源分布极不平衡，地区间在用什么、怎么用上会有很大差别；文物利用又受到投入、机制、环境等外部条件的制约。因此，尽管文物利用要坚持普遍适用的原则，但是，具体到每一处文保单位的合理利用又是区别于其他的。搞好文物的合理利用，必须加强理论研究，探索文物合理利用的普遍规律；必须实施分类指导，精准管理，探索不同类型文物合理利用的实现途径。比如，从原有功能来看，对文物的原有功能已经完全丧失的，像故宫、大沽炮台等，其皇宫和防御的功能已完全不存在了，这类文物的利用，还是以原貌展示为主；还有一类文物原有功能依然存在，像大运河、三坊七巷这类文物，恐怕延续其原有功能，应当是最佳的合理利用。从文物保存状态看，对于一些价值极高又十分脆弱的文物，像山西应县木塔、敦煌莫高窟等，要研究制定游客承载量，限制参观人数——对这些年代久远、价值极高的文物，我们这一代人的主要责任就是把它们完好地交给下一代人；对于保存状况比较好的，像首钢石景山厂区、开平碉楼等，就可以进一步丰富利用的内容，拓展利用的形式。从利用的公益性和经营性上看，我们鼓励和提倡更多的文物保护单位办成博物馆、纪念馆和遗址公园等公益性参观场所，但是不可能所有文物保护单位都办成博物馆，有些文物保护单位本身就不具备这样的资源禀赋，像一些四合院、古民居，就可以从事住宿、餐饮等服务业。举上述例子，目的是要说明，文物合理利用是多种多样的，有的是综合性的，工作中的确有许多理论问题需要研究，也有许多实际问题要在实践中积极探索，在此基础上，制定完善文物合理利用的相关政策、制度、标准、规范，使全国文物合理利用工作有指导、有秩序、积极稳妥地推进。

2014 年 7 月 21 日

北京市文物局

让文物活起来

点评

北京市文物局围绕服务国家大局、打造首都形象的定位，整体规划部署文物合理利用工作，统筹布局，政策引导，做到了在大局中发挥作用，在大事中体现优势，在重要时间节点上显示影响力，值得各地借鉴。

紧紧围绕城市功能定位
开创文物保护利用新局面

舒小峰

习近平总书记 2014 年 2 月考察北京时指出，经过新中国 60 多年的建设，北京已经成为一个保有古都风貌的现代化大城市。这是中华文明的一张金名片，传承保护好这份宝贵的历史文化遗产，是首都的职责。要本着对历史负责、对人民负责的精神，传承历史、保护城市历史文脉，下定决心，舍得投入，处理好历史文化和现实生活、保护和利用的关系。

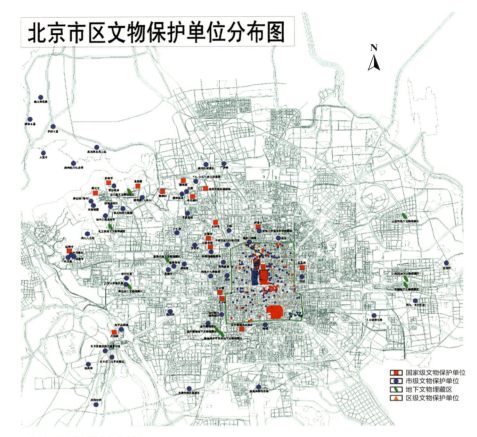

北京市区文物保护单位分布图

N

国家级文物保护单位
市级文物保护单位
地下文物埋藏区
区级文物保护单位

· 北京市区文物保护单位分布图

　　截至 2014 年 6 月，北京地区共依法登记不可移动文物 3840 处，其中全国重点文物保护单位 126 处（含世界文化遗产 7 处），市级文物保护单位 215 处。此外，已公布历史文化保护区 43 片、地下文物埋藏区 56 片，并有 71 处 188 栋建筑被列入北京地区优秀近现代建筑保护名录。

根据北京城市总体规划，北京的城市定位是国家首都、世界城市、文化名城、宜居城市，是我国的政治中心、文化中心和国际交往中心。北京市以建设中国特色世界城市为目标，全面实施人文北京发展战略，在国家文物局的指导下，通过历史文化名城保护和文物保护利用工作，不断加大民生保障力度，大力发展文化事业和文化产业，塑造城市定位，建设文化中心，取得了一定的成果。

2007年，北京市公布了《北京优秀近现代建筑保护名录（第一批）》，71处188栋建筑被列为北京优秀近现代建筑予以保护。

· 外交公寓

· 原贝满中学

· 北京长话大楼

· 原畿辅大学

· 原京师自来水股份有限公司

· 民族文化宫

一 文物保护利用服务于城市功能定位

（一）服务国家首都功能

推动首都旅游业发展,助力经济社会全面提升。目前,北京地区 126 处全国重点文物保护单位中,超过半数实现对社会开放,其中第一批 18 处全国重点文物保护单位全部对社会开放。据统计,每年入境旅游人数近 600 万人次,年均增长 5.9%,位居全国第五位,旅游外汇收入每年近 60 亿美元。国内旅游人数每年超过 2 亿人次。以故宫、八达岭长城为例,故宫每年接待参观者超过 1000 万人次,八达岭每年接待参观者近 800 万人次。

促进文化产业发展,助力文化创意产业壮大。北京市艺术品拍卖企业达到 121 家,约占全国的 1/3,每年举办拍卖会 200 多场,拍卖额达到数百亿元,是全国最大的文物拍卖交易中心和全国最大传统工艺品交易中心。

• 胡同游吸引了越来越多的游客

• 北京中轴线

（二）建设特色世界城市

防止千城一面，建设有中国特色的世界城市。做好历史名城、历史街区保护、城市设计工作成为保持城市特色的有效途径之一。古都北京众多优秀的文化资源是这座城市乃至一个国家、一个民族区别于其他国家和民族的标签和金名片。就好像我们见到埃菲尔铁塔联想到巴黎，见到金字塔联想到埃及，见到壮丽恢弘的故宫、天坛联想到北京一样。

推动国际交往，提升北京软实力和国际影响力。充分利用文物资源，通过积极开展对外文化交流，展示优秀传统文化、弘扬民族精神，增强中华文化的国际影响力，在与世界文化交流中突显中华文化的国际地位。截至目前，参观过八达岭长城的各国领导人将近 500 人次。

在奥运会、园博会、财富论坛等大型国际盛会中，文物均发挥了重要的展示作用。北京奥运会之前，奥组委发布了著名的歌曲《北京欢迎你》，其发布工作就选在首都博物馆，其 MV 的拍摄地大多为北京的文物古迹、胡同、四合院等，让世界认识了一个拥有悠久传统文化的城市。2014 年，北京还将承办 APEC 会议，举办地就设在怀柔区长城脚下，会议期间将组织与会人员参观长城。为了迎接建国 70 周年，我们还将加大中轴线文化遗产保护工作，对包括景山寿皇殿、天安门等建筑进行保护修缮。

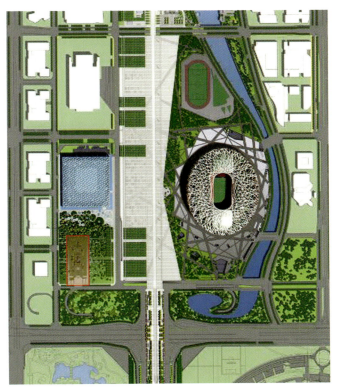

· 在奥运场馆建设中原址保留了北顶娘娘庙

· 北顶娘娘庙与鸟巢

（三）保护传承文化名城

发挥宣传教育功能，提供公共文化服务。文物的合理利用有利于传播优秀传统文化，弘扬社会主义核心价值观，愉悦人的身心，为公众提供更多、更好的公共文化服务。目前，全市注册博物馆总数达到167座，其中对外开放155座，免费开放50座。每年推出各类展览300多项，接待观众3500万人次。此外，近年来各博物馆陆续进行了改扩建工程，展览服务水平有了新的提高，如首都博物馆、周口店北京猿人遗址博物馆等。

· 博物馆成为文化旅游新的需求点

• 以文物为基础开发设计的创意产品

· 西琉璃厂历史文化保护区

弘扬优秀传统文化，推动文化中心建设。随着历史文化资源得到有效保护、挖掘、传承和利用，北京作为全国文化中心的地位更加凸显，作为全国文化中心的示范作用将进一步得到发挥。重点历史街区逐步形成了"一街一品"的发展格局，如什刹海、南锣鼓巷、前门大街、琉璃厂等，已经成为新兴文化创意产业园区。

（四）建设生态宜居城市

保护平缓开阔的城市格局，促进宜居城市建设。《北京城市总体规划（2004~2020年）》规定北京市人口规模在2020年之前控制在1800万人，目前已经提前突破了2000万人口，但东城区、西城区人口规模一直比较平稳，这得益于旧城整体保护策略的实施、历史文化保护区的划定和遗产缓冲区、文物保护单位保护范围及建设控制地带的严格执行，客观上合理控制了旧城人口、城市建设的总规模；没有这样的有效控制，后果是难以想象的。比如故宫缓冲区覆盖了整个旧城北部地区，天坛缓冲区覆盖了原崇文区大部分地区，有效降低了城市的"容积率"。

• 故宫与皇城平缓开阔的格局

提供大量的园林水系、促进生态城市建设。很多园林、绿地、水系都被列入各级文物保护单位，其保护利用工作为城市提供了大量的生态绿地。目前，北京城市绿化覆盖率已超过 45.6%，人均公园绿地超过 15.3 平方米，各级文物保护单位功不可没。例如颐和园、圆明园、香山公园等为代表的"三山五园"历史文化景观，天坛、先农坛、太庙、社稷坛、日坛、月坛等为代表的皇家祭坛，北海、景山公园等为代表的皇家园林，明城墙遗址、元大都遗址、皇城根遗址等多处遗址公园。仅圆明园一处就提供了 350 公顷的遗址公园。今后，随着天坛内外坛墙之间的天坛医院、简易居民楼等搬迁腾退工作的实施，将会实现更多的园林绿地。

• 玉河故道

· 天坛鸟瞰

二　保护利用工作的难点及对策分析

目前，在文物的利用上功能较为单一，主要分为对外开放、经营办公、居住为主等三种类型，在利用上难免还存在一些问题，需要我们进一步加强引导管理、提高应对能力。

（一）对外开放类型

这是目前主要提倡的利用方式。开放为博物馆或者景区，保护利用状况最好，文物建筑能够得到及时的修缮。此种方式目前主要集中于价值高、规模大的重要文物保护单位，但展示手段还比较单一。今后工作重点是引导管理使用单位深入挖掘历史文化内涵，上水平、上质量。

推动"数字圆明园"项目，在历史研究的基础上，利用科技手段，再现圆明园胜景。在此基础上，探索进行数字圆明园文化创意的研究开发、应用产品开发及市场推广等工作。

· 故宫游客

　　当然，开放也会带来负面作用，需要防止过度利用。如故宫单日游客量曾经超过 10 万人；天坛公园使用年月票入园晨练的游人日高峰达 6 万之众。大量游人集中时间参观、锻炼，公园绿地和局部景区超负荷承载情况严重，造成了对文物与环境的损伤。对于一些遗产项目，应进一步合理引导，进行风险评估和监测预警，防止游客过多对文物本体带来的不良影响。

　　（二）经营办公类型

　　作为经营办公类型的文物保护单位，其文物建筑一般能够得到及时维修，目前问题主要集中在中小规模的文物保护单位的保护利用上。在利用上应该因地制宜，不是所有文物保护单位都要求开放。如南新仓、阳平会馆、湖广会馆和前鼓楼苑 7、9 号四合院等文物保护单位，在修缮后成为文化演出、特色旅游住宿或者创意产品展示销售场所，文物保护单位与文化创意产业有机结合。我们还存在大包大揽的现象，在鼓励社会资金介入文物保护利用方面还缺乏政策和实操经验，今后工作重点是多推试点项目、多出好政策，督促管理使用单位按照文物保护法的要求落实管理责任的同时，引入社会资本；对于个别保护管理状况不好的，通过加强执法、媒体监督等方式，督促其改善管理利用状况，依法依规使用。

（三）居住为主类型

其中又分为私有产权和直管公房两类。私有产权房至一般保护状况比较好，管理使用人员保护文物的积极性比较高。如一些四合院或者故居，现仍由后代居住使用。直管公房类型一般保护状况比较差，私搭乱建严重，文物建筑年久失修，租住者由于没有产权，保护文物的积极性不高，单纯靠房管部门的资金又不足以形成良性维修机制。今后工作重点是帮助居民进行房屋维修，以及

· 文物保护单位内的私搭乱建

探索文物征收、腾退制度，使文物得到更好的保护和利用。北京市在2007年以来进行了许多尝试，由政府出资帮助居民进行房屋修缮、煤改电等工作，目前正在研究相关保护机制，争取以政府主导、社会参与的方式进行保护利用。比如与东城区、西城区政府合作，采用资本金注入的方式启动直管公房中居民使用文物建筑临时周转维修的机制。

三　北京市在文物利用工作中的基本体会

（一）与中央要求相契合

按照中央的要求认真履行"四个服务"职责，即为中央党、政、军领导机关的工作服务，为国家的国际交往服务，为科技和教育发展服务，为改善人民群众生活服务。结合首都服务功能，北京市认真落实国家对文化遗产保护的要求，不断完善公共文化服务体系，培育文化市场发展体系，建设优秀文化传承体系。此外，不断扩大文化遗产的内涵和范围，例如促进工业遗产（798艺术区、首钢老工业区）、乡土建筑（爨底下村、焦庄户村）的保护利用等，逐步形成系统的文化遗产保护体系。

（二）与法规要求相契合

落实文物法规对保护利用的要求，坚持"保护为主、抢救第一、合理利用、加强管理"的文物工作方针。特别是将保护工作放在第一位，没有保护就没有利用。始终坚持"五纳入"，将文物保护利用工作纳入经济和社会发展计划、纳入城乡建设规划、纳入财政预算、纳入体制改革、纳入各级领导责任制。

（三）与城市定位相契合

根据首都城市功能定位，将名城与文物保护工作纳入北京城市总体规划；成立书记和市长担纲的历史文化名城保护委员会；组建顶级专家构成的专家顾问组，旧城内所有重要建设项目都要经过专家顾问组审议后方可实施。此外，坚持文物、规划两局办公会制度，联合规划部门共同划定文物保护单位保护范围及建设控制地带、地下文物埋藏区、地下文物监测区等，将文物保护要求纳入城市规划审批系统。

（四）与经济发展相契合

文物部门积极编制中长期的文物保护计划，与财政部门联合议定专项经费政策，随着经济发展和财政收入增长，不断加大文化事业投入力度。2000~2002年，每年的文物保护专项经费为1.1亿元；2003~2007年，每年文物保护专项经费1.2亿元；2008~2011年，每年文物保护专项经费1.5亿元；2012年开始，每年文物保护专项经费增加到10亿元，文物保护单位的保护状况得到迅速改善。

（五）与改善民生相契合

在城区，截至2013年底，文物保护专项资金34.3亿元，带动各区县配套资金近60亿元，文物建筑搬迁腾退成果突出，搬迁单位880余个，居民14200余户。形成了皇城根遗址公园、元大都土城遗址公园等一大批遗址公园，改善了城市环境，为市民提供了休闲、体验空间。目前正在积极探索文物保护项目引入社会资金的方式，探索文物保护社会参与、文物保护成果社会共享的新途径。

· 圆明园福海景区

在郊区，结合社会主义新农村建设，推动郊区文物和传统村落的保护利用。2000 年以来，投入长城保护修缮经费 2.3 亿元，对八达岭、居庸关、将军关、黄花城、河防口、西水峪等重要长城文物建筑进行了修缮，完善部分保护和安全设施，建成并逐步开放一批新的旅游景区，促进了民生改善，增加了居民收入。

（六）与地方需求相契合

有效推动文物的合理利用，与区县政府的支持、管理使用单位的努力是分不开的。我们坚持与区县政府共同推动文物保护利用工作，建立局领导对口联系机制，每年都到区县了解需求，共同商议文物保护重点工作。比如圆明园遗址，市级财政投资 1 亿元，海淀区投资 14 亿元，用 10 年时间完成了 13 个单位和 785 户居民的腾退工作。如此难度的工作没有区县政府的支持是难以实现的。因此，必须把文物的保护利用与地方经济、社会、文化发展的需求结合起来，充分调动区县政府和管理使用单位的积极性。

丰富的历史文化遗产和深厚的历史文化底蕴是首都北京得天独厚的优势。在城市发展进程中，我们将继续创新体制和机制，认真学习其他省市的成功经验，按照该保则保、该修则修、该用则用、该建则建的原则，着力推动文物保护利用工作与城市功能定位的融合，保护和弘扬优秀传统文化，延续文脉，努力建设一个传统文化与现代文明交相辉映的历史文化名城。

• 八达岭长城

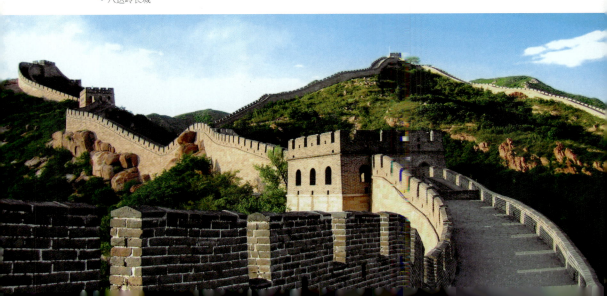

陕西西安大明宫保护办文物局

让文物活起来

点评

　　大明宫国家考古遗址公园将大遗址保护利用与当地经济社会发展相结合，与群众生活水平提高相结合，与城乡建设相结合，与环境改善相结合，着力在大遗址保护和让群众、社会满意上寻找契合点，在多种手段展示大遗址历史文化价值上进行探索，取得了良好的社会效益和经济效益。

保护与利用并举　努力实现多元共赢

吴　春

　　西安是举世闻名的历史文化名城，已有3100多年的建城史和1100多年的建都史。大明宫遗址是我国目前保存最完整的中古时期唐代皇宫遗址，1961年被国务院公布为全国重点文物保护单位，是我国"十一五"期间大遗址保护展示示范园区，2010年被评为首批12家国家考古遗址公园，2014年作为丝绸之路跨国申遗重点项目列入《世界遗产名录》。

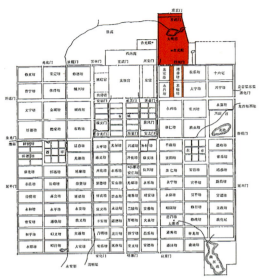

• 唐长安郭城图

• 大明宫国家遗址公园总规划

多年来，大遗址保护一直是陕西文化遗产保护工作的重中之重，省、市各级党委、政府对此十分重视，历次城市规划都对大遗址的保护给予了充分体现，正是基于这样的努力，大明宫遗址才得以完整保护。大明宫遗址的考古工作自20世纪50年代末开始，持续了50余年。而从20世纪80年代起，文物部门陆续对麟德殿、含元殿遗址实施了试验性的保护展示工程，为大明宫遗址的整体保护展示积累了经验。2007年，西安市委、市政府在充分调研的基础上，结合城市发展要求，强力启动大明宫遗址整体保护、国家考古遗址公园建设及遗址周边城市改造工作。这一重大举措得到了国家文物局、发改委和财政部等国家部委以及各级政府的高度关注和大力支持。首先，西安市政府先后颁布了《四大遗址保护条例》、《西安历史文化名城保护条例》等法规；编制并公布了《西安历史文化名城保护规划》、《大明宫保护总体规划》。其次，针对文物保护经费缺口大的现状，国家文物局、财政部不断加大对遗址保护的经费投入，保护项目逐年增多。2005 年以来，对大明宫遗址保护展示和环境整治投入 4900 万元专项资金，地方配套资金超过 6 亿元。截至大明宫国家考古遗址公园建成，总投入已超过百亿元。

在 6 年来的实际工作中，我们坚持"保护为主、合理利用、改善民生、弘扬文化、促进发展"的目标，在遗址整体保护展示、文化诠释，特别是兼顾环境改善、惠及民生、促进城市发展的实践中进行了有益的探索，并初步显现出综合效果。

· 御道区域曾经的城中村，房屋杂乱无序，全部占压在遗址上

• 市政设施不到位、晴天扬灰路、雨天水泥路，棚户区群众生活困苦

一　坚持整体保护展示

　　大明宫遗址整本保护和国家考古遗址公园建设是大明宫遗址保护展示和周边城市发展项目的核心。大明宫遗址区的原住民成分复杂，社会环境极差，基础设施极端落后，民众早已怨声载道，渴望改变现状。只有整体拆迁安置，才能彻底解决这块城市疮疤。整体拆迁、集中安置，先安置、后搬迁，在安置中惠泽于民，是政府的决心和决策。大明宫保护办对拆迁户除执行西安市的统一政策外，还出台了更为优惠的政策。如棚户区居民若选择货币补偿的，其原住房在评估价基础上适当上浮；选择产权调换的，拆一还一　互找差价；持有房产证的低保户，拆一还一　不找差价，安置房超出面积减半收费等。同时，对城中村实行一村一策的优惠政策，收到了政府和拆迁群众双满意的

让文物活起来

效果，保护办也收到了上千面锦旗。集中安置区选择遗址公园附近，不仅户型设计合理、设施齐全、生活方便，遗址公园也成为群众日常休闲、娱乐、锻炼的好场所，真正尝到了保护遗址的甜头。同时，遗址公园也为拆迁群众提供了众多的就业机会，深受拆迁群众的赞扬，实现了遗址保护与提高遗址区居民生活水平、改善城市环境以及城市现代化建设和谐发展的目标。

• 大明宫御道及含元殿

• 遗址原貌展示

　　2008 年 5 月至今，大明宫遗址范围内共拆除占压遗址的各类建筑 370 万平方米，拆迁近 2.5 万户 10 余万人。彻底消除了遗址遭受城市叠压和人为破坏的问题。同时在充分考古的基础上，本着真实性保护展示原则，分别采取了遗址原貌保护、砌体封闭保护、建厅保护、覆土封闭保护、绿化标识展示、地面不同材质标识展示、环境修复、生态保护等多种方法，先后组织实施了宫门宫墙、丹凤门、御道、三清殿、大福殿、望仙台、清思殿、太液池等一系列保护展示工程；根据不同区域唐代植物孢粉分析和资料记载，明确了遗址区植物种类和分布，在遗址区开展绿化环境修复和整治工程。经过上述工作，不仅确保遗址区历史规模完整、格局明确、信息真实、安全得到永久保障，也在一定程度上得以重显大明宫的历史格局和环境。

• 望仙台遗址保护工程

让文物活起来

• 含元殿遗址

　　同时，为了兼顾遗址保护和群众受益，我们对园区进行了功能分区，对遗址密集区域进行了封闭，采取收费方式合理分流了游客数量。而在广大的非收费区域，周边居民能够自由的游览、参观，享受遗址保护带来的和谐优美的环境。

　　近年，结合申遗，我们又完善了遗址的日常巡查、维护与监测工作，通过技防人防和遗产综合管理监测平台，初步建立起遗址科学长效保护管理体系。

二 探索多种诠释手段

考古遗址公园与城市公园和主题公园有明显区别。大明宫遗址公园开放后，我们做过多次游客调查问卷，发现考古遗址公园对游客吸引力很大，期望值很高，提出的意见和建议也很多。游客普遍认为考古遗址公园的文化底蕴深厚，但静态展示多、动态表现少；地下埋藏的遗址多、地上有视觉吸引的建筑少；知识性介绍多、历史文化体验活动少；园区大面积绿化展示多、附属服务设施少等，有曲高和寡的遗憾。

在尊重历史研究和考古成果的前提下，我们充分听取游客意见，探索性地运用了新手段进行遗址区文化诠释。

（一）图版、模型、绘画等

除了利用博物馆对唐代历史文化和考古情况进行解读外，我们还针对每一处遗址，采取考古现场、相关历史人物和事件的图版介绍、建筑模型展示等多种手段，使游客面对遗址能见址、见史、见人、见事，满足游客对历史、考古、建筑等多方面的知识需求和心灵感受。同时结合唐代文化艺术成就，选择典型的雕塑、书法、绘画作品，生动、多层次诠释盛唐文明。

让文物活起来

· 架构性展示

• 微缩景区整体阐释

（二）微缩景区展示

利用大明宫复原研究成果，以 1:15 的比例，整体、直观地诠释大明宫复原格局，使得游客能够体会到繁华过后的遗址沧桑，对大明宫历史规模、格局和建筑艺术有更深刻的体会。

（三）老建筑利用

对旧有建筑进行加固改造，建立起国内第一个用多媒体手段来诠释、体验考古和文化遗产保护的考古探索中心。

（四）影视作品

利用 IMAX 技术制作电影《大明宫传奇》，在震撼的镜头中，人们仿佛穿越时空，回到了盛唐时代，领略盛唐皇宫建筑的气势和功能。

• 利用旧有建筑进行加固改造建立的考古探索中心

我们认为，大遗址保护展示应充分挖掘遗址本身的文化价值，克服土遗址视觉形象差的弱点，以人为本，合理利用多种文化诠释方法和手段，努力构建城市文化风景。这种文化风景不但要对搞专业的人有吸引力，也要让普通游客觉得有说头，更有看头，在优美环境中体验文化，在体验中提升文化素养。

三　积极开展彰显地域文化特色的研究活动

开园以来，我们一直注重开展大明宫文化和价值的研究、宣传、科普等工作，增进公众对文化遗产价值的认识和理解，树立公众对文化遗产的尊重、保护和传承意识。

一是成立综合性科研机构——大明宫研究院，负责遗址保护展示、唐文化推广和城市区域可持续发展等方面工作，每年设立 5~10 个科研课题，预设一定数量的科研经费；在课题研究成果基础上组织出版了《大明宫史话》、《大明宫遗址》、《大明宫史料汇编》、《唐代宫廷服饰研究》、《唐代政治制度研究》、《大明宫遗址公园规划设计篇、雕塑篇》等专著；创建并出版《大明宫研究》院刊 11 期，刊登论文150 余篇，其中与韩国扶余郡文化保护中心合作专刊 1 期，策划制作丝路专刊 1 期。

二是开展公众考古活动，通过每年的考古发掘现场展示，以现场讲解、专题讲座、专家与游客知识互动的方式深度开展公众考古活动。

• 以考古探索中心为阵地，创 "小小考古家" 品牌活动，让遗产融入孩子们的学□和活动中

　　三是以考古探索中心为阵地，创出□具特色的 "小小考古家"品牌活动。结合考古遗址公园特点，□中小学生为主要对象，在考古探索中心开展考古学和文化遗□□识的体验学习，重点开展模拟考古活动，联合教育部门将此□入学生实践课并记入学习档案。同时联合旅行社重点推出考□夏令营活动，每年接待营员 8000 余人。从去年开始，与团□委合作，在全市中学生中开展了 "小小考古家" 竞赛活动，□00 多名队员经过选拔进入复赛，10 名中学生获胜，在大明□文物保护基金会资助下赴台北故宫参观学习，这在全市中小□生中产生了较大的反响，引发了孩子们学习考古知识、关注□保护遗产的热潮，成为遗址公园独具特色的品牌活动。

四是利用"5·18"国际博物馆日和中国文化遗产日，开展博物馆进校园、进社区、赴山区活动，通过讲解宣传，让更多人了解大明宫、了解文化遗产保护，主动成为文化遗产保护的志愿者和文化遗产的传承者。园区内主动参与义务讲解的民众日益增多。

· 博物馆日、文化遗产日，宣传员向社区居民宣传遗产保护知识

五是积极推动考古遗址公园联盟活动的开展。2011 年 6 月 11 日，12 家考古遗址公园及 7 家立项单位代表汇聚大明宫，举行了隆重的国家考古遗址公园联盟成立仪式，中央电视台进行了实况转播。2012、2013 两年，分别与圆明园遗址、金沙遗址合作举办文物特展；今年 6 月 安阳殷墟出土文物走进大明宫，实现两个文化遗产跨时代的对话。这些活动让西安市民在家门口就能欣赏到全国各地的珍贵文物，领略中华文化遗产的独特魅力。

六是增加园区活态文化演出。近几年园区逐年增加了丹凤皇家仪仗迎宾、百官上朝、"日月大明宫"大唐服装秀、皇家舞马表演等多个活态演艺互动项目；同时按照传统节庆习俗 策划了常年实施的唐代宫廷节庆礼仪活动，如冬至祭天礼活动、元日大朝贺活动、上巳节踏青活动 唐代成人礼活动以及晁衡在大明宫等体验表演，通过这些互动性的演出，使游客在丰富的活动中增强对遗址的理解，体验感知盛唐文明。

让文物活起来

• 唐代成人礼活动

让文物活起来

• 盛唐宫廷体验表演《晁衡在大明宫》

四　提升城市价值成效显著

　　大明宫遗址公园建设项目的实施，提升了这一区域的城市品质和人文气息，遗址公园 90% 的绿地和水面彻底改变了城北地区的环境。2011~2013 年，重点对遗址周边进行城市改造，逐步完善基础设施，新的居民小区取代了落后破败的窝棚，新型商业取代了自发凌乱的仓储地，产业结构得到了调整，不仅改变了道北地区脏乱差的形象，也改变原住民的生活习惯，提升了老百姓的生活品质。同时带动了招商改造项目的不断增加，围绕着遗址公园，该地区的商业经济结构发生了可喜的变化。

· 太液池入水渠

• 遗址保护与提高居民生活品质同步进行

万达购物中心、大明宫建材市场、金花购物中心、四海唐人街等项目相继开业，已将遗址东侧的太华路沿线区域由城市落后区一跃变为新的城市升值高地。

与此同时，我们还注意保留城市记忆和近现代西安城市发展的印记，重点对近代工业遗产项目——大华纱厂进行综合保护利用，对全部老厂房进行保护和改造，设立了大华1935工业遗产博物馆，每周六开展"光阴的故事"讲述活动；同时尝试性的利用一部分老厂房设立了小剧场，定期上演小话剧、相声等。下一步还将引入外援，用独特的工业遗产打造文化商业活动，进一步将遗产与人们的生活紧密结合，在遗产体验中享受精神生活，让已经退出历史舞台的工业遗产重新焕发出生机与魅力。

• 对近现代工业遗产——大华纱厂进行综合保护利用，赋予其新的城市功能，对于促进城市转型、产业升级、发展模式转变发挥了重要作用

五　文化惠民活动常抓不懈

（一）环境、就业惠民

公园附近的安置区不仅为民众提供良好的休憩环境，也为周边群众提供了众多的就业机会，目前有 100 名安置群众就职，还为部分群众提供了商业服务机会，因此深受拆迁群众的拥护。

· 大明宫御道广场的群众大舞台吸引了上百个演出团体和上万人次的群众自发开展了丰富多彩的文娱活动

（二）文化活动不断推陈出新

· 万人汉字书写大会

遗址公园开放后一直以"文化惠民"为主旨，继 2010 年"圣殿大明宫"等群众文化活动推出后，御道广场不断涌现群众自发的文艺活动，每天有 4、5 场自发演出。我们为方便群众，更好地使其规范化，搭建了"群众大舞台"，免费提供电源音响等，这也感动了群众，宣传遗址、保护遗产、弘扬文化、传承文明成为演出的主旋律，3 年来，仅各种类型的群众文化演出活动就有 1500 多场。今年还在御道举行万人汉字书写大会，受到了群众的追捧。随着群众文化活动的蓬勃开展和越来越多的群众加入大明宫遗址保护志愿者行列，遗址区最初的文化受众正逐渐转变成为文化的创造者和传播者。大明宫遗址公园也被陕西省文化厅授予"陕西省群众文化活动示范基地"，成为省内唯一一个群众文化活动示范基地。

（三）周边企业因遗址受惠，反馈遗址

公园周边的企业不仅因遗址区独特的文化魅力和优美的环境优势而实现经济收益，在经营中也注入更多的文化元素，经常开展回馈遗产的文化活动，如恒大集团在玄武门内举办演出答谢业主，移动公司在丹凤楼举办4G发布会，华远、中海、万科在大华小剧场举行答谢推介会，动漫公司在大华举办cosplay互动活动，宾利、兰博基尼在大华举办新品推介会等。这些活动的举办，不仅宣传了遗产，还为园区带来了经济收益。大明宫遗址公园参观人数和经济收入逐年增加，经营收入已经超过了门票收入。

55

· 一年一度在御道广场举办的"草莓音乐节"

大明宫遗址保护利用实现了四结合：大遗址保护与当地经济社会发展相结合；与当地群众生活水平提高相结合；与当地城乡建设相结合；与当地环境改善相结合。

国家文物局近年来对大明宫遗址保护工作的大力支持和投入使我们的工作得到了质的飞跃，公众的文物保护意识和参与文化传承的比例有了很大的提高，极大地带动了社会各界对文物工作的投入。2013 年，作为丝绸之路的重要组成部分，大明宫遗址进行了申遗的相关准备工作，通过成功申遗，大明宫保护水平得到了进一步规范和提升，管理标准与国际接轨。大明宫保护办有责任、有信心以世界遗产标准保护、管理好这份文化遗产，充分发挥其应有的社会效益、经济效益和环境效益。

让文物活起来

• 宫墙

四川成都武侯祠博物馆

让文物活起来

点评

成都武侯祠博物馆以武侯祠为核心，深入挖掘三国文化内涵，既拓展了文物保护空间，也拓展了文物利用空间，在文化产业发展中传播弘扬优秀传统文化，探寻到了一条成功之道。

古建筑的空间利用与文化产业的发展融合

谢　辉

成都武侯祠肇始于公元 223 年修建刘备惠陵时，现为三国遗址遗迹类博物馆，由三国历史遗迹区、三国文化体验区和锦里民俗区三大部分组成，总面积 15 万平方米，是全国唯一的君臣合祀祠庙和最负盛名的诸葛亮、

• 成都武侯祠过厅

· 成都武侯祠平面图

刘备及蜀汉英雄纪念地，也是全国第一批重点文物保护单位和首批国家一级博物馆，享有"三国圣地"的美誉。

近年来，我馆从打造文化功能空间的角度，就文物保护与利用进行了深入思考和探索，力求实现文物古建筑核心区域与其周边的可持续性统筹发展。我们认为，传统上对文物遗址遗迹空间的寻常保护，既不能满足公众的文化体验诉求，也带来巨大的运营成本负担，更重要的是，无法体现历史文化遗产在当代的核心价值。因此，我们对三国历史遗迹区做减法，保留其纯正的历史文化品质。同时修复了锦里古街，改建了三国文化体验区，并统筹整

个博物馆空间，打造了"成都大庙会"。通过空间合理拓展、布局、利用，特别是注重文化产业功能、业态的适度有序植入，使文物保护事业与文化产业在这一最佳契合点上得到了互动发展，形成以三国历史遗迹区为支撑，以三国文化为主线，锦里、成都大庙会、武侯祠美术馆等具有一定影响力的文化产业系列品牌各领风骚的良好局面。

· 惠陵秋景

· 2010 成都大庙会开庙仪式

· 锦里夜色

· 武侯祠西区景观

让文物活起来

一　利用文物空间，实现多元化展示

　　近年来，我馆进一步加大文物的保护与利用力度，编制了《成都武侯祠文物保护规划》，先后完成孔明殿院落、三义庙、刘湘陵园静远堂、汉昭烈庙等文物维修工程。其中，孔明殿院落维修工程采取了开放性的施工方法，通过空间上垂直分层，将观众活动区域与文物维修施工区域分隔开，做到边施工、边开放，文

• 三义庙维修前后对比

物保护修缮和展示两不误，实现了文物保护和观众之间的良性互动，加深了观众对文物保护的直观感受。我们还积极探索文化嫁接科技项目，大力推进"智慧博物馆"建设，实施我馆文物建筑、塑像360度全息动态视频采集工作。以采集的视频数据为基础，一方面针对性指导文物的保护、修缮，一方面制成三维电子塑像，向观众直观展示文物藏品的三维仿真模型，方便其查看藏品的相关信息。充分利用文化活动创新展示方式，于2006年率先推出晚间博物馆

• 观众扫描二维码

• 塑像信息采集

开放活动——"夜游武侯祠"。在延长开放时间的同时，通过灯光工程，营造特色游览氛围，通过"武侯夜话"等主题活动增添文化内容，让观众进一步感受到三国文化的魅力。此外，我馆还将在空置的孔明殿东西厢房，设计、举办诸葛亮专题陈列，通过对古建筑空间的充分利用，丰富陈列展示内容，广泛普及三国文化知识，为文化产业的发展提供支撑。

让文物活起来

· 武侯夜话

· 夜游武侯祠

· 煮酒论英雄场景

· 怀古

让文物活起来

二　修复历史空间，打造锦里民俗区

　　1997 年，成都市委、市政府划拨曹营坝一带 20 余亩土地给成都武侯祠博物馆，作为保护和发展用地。空间的扩展，使武侯祠具备了发展的空间，锦里古街应运而生。

• 锦里

• 锦里古街大门夜景

　　锦里原为秦汉三国时期成都以织锦、售锦为主业的一条古街，历代文献辞赋多有记载。2004、2009 年，武侯祠博物馆斥资 7900 万元，分两期修复了锦里古街。

• 锦里古街示意图

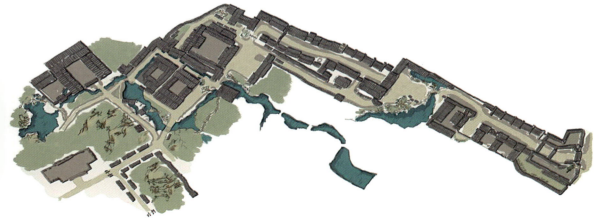

修复之前，锦里古街仅是武侯祠旁的一条小巷，建筑破烂、环境恶劣。项目实施完成后，锦里街道全长约550米，占地30000余平方米，建筑面积14000余平方米。建筑以清末民初四川民居风格为基础，以三国文化和四川传统民俗文化为内涵，既扩大了三国文化的外延，又给古老的祠庙注入了新的活力。2004年11月，锦里被命名为首批"文化产业示范基地"。2006年被授予"国家文化产业示范基地"。2011年4月被评为"成都新一景"。

让文物活起来

• 锦里旧貌——曹营坝人居环境

• 水岸锦里

我们在规划时，没有将锦里孤立定位为一个传统商业街，而是作为武侯祠博物馆三国文化的延伸，在武侯祠博物馆静态参观之外增加更多三国文化、民俗文化的互动、体验内容。

　　锦里的打造，充分体现"文态、业态、生态、形态四态合一"的原则。文态上，锦里以秦汉、三国精神为灵魂，是原遗址区域的文化浓缩。形态上，建筑以清末民初四川民居风格为基础。在

• 文态（宋代石刻艺术长廊）

• 形态

规模、空间尺度、建筑形式、色彩等方面都与武侯祠风貌相协调。生态上，通过建筑及绿化景观屏蔽周围杂乱的视觉环境，形成三国历史遗迹区的保护缓冲区域，并将活水引入街道，提升生态环境格局。业态上，锦里涵盖了餐饮住宿、非遗展示、特色商品展销等内容，并按照"开端、发展、高潮、过度"的段落性商业叙事手法进行空间布局。

据统计，锦里现有商家 190 余家，从扶持濒于消失的非物质文化遗产的角度出发，我们积极引进了蜀锦织造、蚕丝坊、

• 生态

吹糖人、蛋壳画、诸葛连弩等传统民俗特色项目，并给予相对优惠的措施和配套推广，让举步维艰的民间艺术重获新生。

锦里古街的修复，不仅使成都武侯祠博物馆能够多元化、多渠道地为观众提供丰富多彩的文化产品和文化服务，而且在如何处理旧城改造与历史文化的保护、传承这个课题上进行了有益的探索。

· 业态

让文物活起来

三 改建公共空间，打造三国文化体验区

2003 年，南郊公园合并给武侯祠博物馆。南郊公园是抗日将领刘湘的陵园。在合并之初，该区域仅为普通的游览公园，缺乏与武侯祠有机联系的文化内涵与载体。利用合并契机，武侯祠博物馆将打造三国文化体验区的思路进行了实施。

· 刘湘陵园神道之三洞门

"丞相祠堂何处寻，锦官城外柏森森"。文物本体所依存的环境至关重要。我馆通过对环境空间的提升性保护，实现历史的完整性和延续性。2011 年，首先启动了博物馆的水系改造工程，水系贯通循环，水质改善，优化了生态环境。紧接着启动了环境空间的景观提升项目，秉持自然协调的原则，在景观配置的同时，强调历史环境的恢复和三国文化元素的植入，力求重现"古柏森森"的历史人文风貌。

为拓展文物遗址遗迹展示空间，丰富文化内涵，我馆在景观提升的基础上，在三国文化体验区积极打造集美术馆、画廊、艺术家工作室、书院为一体的艺术聚集区——锦里艺术广场。

2013 年 6 月，武侯祠美术馆隆重开馆。依托荐馨殿古建筑群改造的美术馆是艺术广场的核心部分，在不改变古建筑本体结构的同时，对建筑内部进行了精心改造，利用主殿原本高达 10 米的内部空间，营造出三层错落流畅的展示空间。传统与现代交融，颇具和谐之美。自开馆以来，武侯祠美术馆先后举办了

• 武侯祠美术馆（荐馨殿）

· 武侯祠美术馆内部

· 巴蜀已故名家中国画精品展

"叶毓中·汉魂·全图三国"、"巴蜀已故名家中国画精品展"、"日新月异——中国画当代气象展"、"百年陈子庄作品展"、"'神骏踏春又归来——徐悲鸿在四川'绘画精品展"等多场高水准画展，在提供高水准艺术展览的同时，开展艺术教育、品鉴、交流等活动，并对公众免费开放，让普通大众也能近距离亲密接触最顶尖的文化艺术。

让文物活起来

此外，武侯书院也已初步打造完成，内部分为藏品展厅、书院讲堂、文化沙龙等区域。书院讲堂已举办多场相关专题文化展览和讲座，向广大观众普及三国文化、书画等知识。系列艺术文化场所的打造，为武侯祠博物馆拓展了更多文化传播的空间和途径，积极履行了博物馆公共服务的社会责任。

• 书院

四 统筹功能空间，打造"成都大庙会"

依托政府对文化产业的大力扶持和对非物质文化遗产保护的高度重视，2005 年春节落户武侯祠的"成都大庙会"将武侯祠三大功能空间进行有效整合，同时鲜明地打出了"三国牌"，在传承和彰显浓郁地方文化特色的同时，通过主题灯且、综艺演出、非物质文化遗产展示、专题陈列展览等板块，让市民走进博物馆，亲近民俗，感受传统文化。

• 成都大庙会

成都大庙会不仅是民俗节庆活动，更是文化遗产展示、展演的大舞台。经过 10 年的精心打造，成都大庙会知名度、影响力与日俱增，多次被央视选为直播点，得到海内外媒体的广泛关注与报道。仅 2013 年春节 18 天，大庙会就接待观众达 130 余万人次。十年来，"成都大庙会"累计接待国内外观众 1000 余万人次。大庙会不仅成为每年春节成都人气最旺的文化活动，更跻身国内知名传统庙会之列，还被确定为四川、成都海外文化交流重点项目。于 2010、2011 年分别走进台北、高雄，受到宝岛民众热烈追捧。

• 川音

• 千里走单骑高空杂技

• 川灯

· 景区提供免费直通车

　　通过一系列探索和创新，成都武侯祠博物馆的文化品牌日益成熟、影响力日益扩大，参观人数逐年递增。三国历史遗迹区年均接待观众近 400 万人次，锦里年均接待观众近 1000 万人次。我们还实施了景区直通车、新建地下停车场等便民项目，不断完善公共文化服务体系，也让更多的观众走进了博物馆。

　　在 2014 年"5·18 国际博物馆日·博物馆直通车周年颁奖盛典"活动中，成都武侯祠博物馆从成都一百多家博物馆中脱颖而出，获得"我最喜爱的博物馆"观众票选第一名。

目前，我馆正启动"全国三国文化考察"项目，计划在 3~5 年时间内，联合相关单位和机构，对全国三国文化遗产进行一次系统、科学、全面的考察工作，厘清历史与现状、史学与文学之关系，形成系列科研成果。

　　我们将进一步加强对文物的保护和利用，推进文化产业的发展，努力实现将成都武侯祠博物馆建成"三国文化研究、展示、传播、体验中心"的发展目标。

• 红墙翠竹

重庆红岩联线文化发展管理中心

让文物活起来

　　重庆红岩连线整合红岩、歌乐山等40多处革命文物遗址，紧紧抓住"红色"二字，综合运用各种宣传、营销手段，打造一流爱国主义教育基地和红色旅游特色品牌，以点串线、以线带面，为革命历史类文物的利用树立了成功典范。

活用红岩革命文化资源
打造"红岩教育"特色品牌

吴绍阶

　　重庆红岩联线文化发展管理中心（重庆红岩革命历史博物馆）始终坚持把社会效益放在首位，以群众满意为切入点，以打造世界知名、全国一流的爱国主义教育基地和红色旅游目的地为目标，深入挖掘红岩革命历史文化内涵，合理开发利用红岩革命文物资源，充分发挥爱国主义教育基地的咨政育人功能，不断打造"红岩教育"特色品牌。

图 例
公路
河流
参观景点
您所在的位置

N

江津石墙院"陈独秀旧居"
江津聂荣臻纪念馆
渣滓洞监狱旧址
梅园
气象台
松林坡
杨家山秘密囚室
白公馆监狱旧址
狱犬室
烈士墓
红岩魂陈列馆
红岩魂广场
蒋家院子
烈士陵园
沙坪坝区
重庆抗战教育博物馆
中共中央南方局暨八路军驻渝办事处旧址

嘉陵江

曾家岩50号
中国民主党派历史陈列馆
二厂寺

饶国模故居
草房
红岩革命纪念馆
新华日报总馆旧址
红岩村

渝中区

新华日报营业部旧址
中共代表团驻地旧址
黄山抗战陪都遗址

· 重庆红岩联线主要景点

让文物活起来

一　深化文化体制改革，走文博发展新路

　　重庆红岩联线按照重庆市委文化体制改革的部署，制定"整合资源、重点成线、研究开发、市场运作"的工作方针，利用"红岩"这条主线，依托红岩革命文化资源，对内整合重庆红岩革命纪念馆和歌乐山革命纪念馆、中国民主党派历史陈列馆三大主体馆及革命遗址群，对外整合开发其他分散于各地的革命文化资源，并创新研发机制，打破条块分割、资源分散、各自为政的局面，辐射带动了重庆市各区县红色文化旅游资源的开发利用，做大有形资本，增强无形资本，形成优势互补、取长补短的整体发展合力，增强了重庆革命文化、红岩文化发展的核心竞争力。

二　吃透革命文化资源，明晰教育新优势

　　重庆红岩联线是一个极富特色的教育基地。不仅凸显了中共中央南方局在重庆领导国统区党组织坚持抗战的红岩革命历史文化，还包涵抗日战争时期重庆作为中国的战时首都、远东反法西斯同盟的统帅部和指挥中心形成的抗战文化，以及重庆作为中国民主党派的主要发祥地、以国共合作为基础的抗日民族统一战线的主要舞台而形成的统战文化。

　　重庆红岩联线是一个资源丰富的教育基地，下辖红岩革命纪念馆、重庆歌乐山革命纪念馆、中国民主党派历史陈列馆三大主体馆，整合了中共中央南方局暨八路军驻重庆办事处旧址、曾家岩周公馆、《双十协定》签字处——桂园、渣滓洞、白公馆、特园等 42

• 红岩革命纪念馆

• 红岩魂陈列馆

• 中国民主党派历史陈列馆

处革命文物遗址。其中对外开放 24 处，含全国重点文物保护单位 4 处、市级文物保护单位 1 处；馆藏文物突破 10 万件，其中一级文物 2?? 件、二级文物 284 件、三级文物 2749 件；拥有 3 个 4? 级旅游景区，年均接待观众 600 万人次；是国家一级博物馆、全国十大红色旅游景区，全国爱国主义教育基地、全国 14 家地方党性教育特色基地、全国廉政教育基地、全国统一战线传统教育基地、全国机要系统革命传统教育基地等。

重庆红岩联线是一个极其厚重的教育基地。老一辈无产阶级革命家、共产党人和革命志士铸就以"崇高思想境界、坚定理想信念、巨大人格力量和浩然革命正气"为主要内容的红岩精神，既具有中华民族优秀传统文化的共性，也具有抗战大后方特殊历史时空留下的独特个性，是中国共产党优良传统和作风在特定历史环境中的继承和发扬。其深刻内涵和独特的历史价值对爱国主义教育和革命传统教育都具有十分重要的意义。历届中央领导高度重视红岩精神的传承和弘扬，关心重庆红岩联线的发展和建设，先后有邓小平、江泽民、胡锦涛等二十多位党和国家领导人视察过红岩，并对红岩精神给予高度评价。

让文物活起来

三　创新展览展示手段，不断增强文物吸引力

　　陈列展示是体现博物馆文化价值和功能的基本方式。重庆红岩联线始终坚持以人为本，展览展示服务观众，陈列内容日益丰富，展示手段不断创新，展览品味稳步提升，文物利用价值不断增强，博物馆的社会关注度进一步提升。

　　以复原陈列为手段，强化展示主题。重庆红岩联线24处对外开放的文物遗址全部使用复原陈列，尽量还原历史原貌；结合三大主体馆的特点，尽量把具有教育价值的可移动文物、史料陈列出来，并揭示该文物的时间、价值和意义。

· 会议室

· 毛泽东办公室

在三大陈列馆各宣传一个文化主题，红岩魂陈列馆主要反映革命烈士的英雄斗争史；红岩革命纪念馆主要展示以周恩来为首的老一辈无产阶级革命家为争取民族独立和人民解放领导南方局的斗争实践史；中国民主党派历史陈列馆主要展示中国共产党与各民主党派、工商联和无党派人士肝胆相照、风雨同舟的光辉历程。结合党的宣传重点，每年推出至少4个临时展览，不断强化红岩文化展示的主题。

以科技展示为手段，实现观众互动。博物馆怎么"玩"、怎么与游客互动，是增强文化吸引力的重要问题。近年来，重庆红岩联线利用多媒体技术将一件件文物进

• 观众互动系统

• 在线查询资料系统

行展示，开发了许多互动游戏；利用三维技术陈列了一级文物"开国大印"等；利用触摸技术开设了红岩文化知识有奖问答，设置照片自动拍摄打印墙；利用"声光电"，应用重要的相关照片资料，制作了半景画，将文物遗址、革命烈士斗争史数字化，全面准确地再现历史场景等；采用多通道同步投影显示弧幕技术展示油画《周恩来和他的朋友们》；利用人体动作捕捉技术展示毛泽东同志撰写的"沁园春·雪"手稿；实现了展厅无线wifi全覆盖和语音导览系统，建立微信讲解平台等。目前，重庆红岩联线正在建设中国"红村"网络云平台，打造中国第一个智慧型爱国主义教育基地、第一个红色文化云服务平台、第一个效益型红色全媒体网媒集团和第一个红色文化特色产业电商模式。

四　开展基地特色教育，坚守宣传主阵地

重庆红岩联线始终紧密结合经济社会改革发展新要求，大力开展特色教育活动，不断发出好声音，传播正能量，凝聚社会价值共识。

（一）充分发挥党建资源优势，大力开展干部党性教育

重庆红岩联线是中组部列入的全国14家地方特色党性教育基地之一。近年来，基地充分发挥党建资源富集、教育内涵丰富的优势，以"坚定理想信念、增强党性修养"为宗旨，立足重庆，面向全国，充分考虑培

· 五大教学区

训基地教学特点和干部培训需要，创新教学内容，完善教学功能布局，依托中共中央南方局暨八路军驻重庆办事处旧址、渣滓洞监狱旧址等设置了五大教学区，着力打造新时期党性教育新阵地。基地不但与本地市委党校、市属各行业培训学校共同开展培训工作，还与北京、上海等地党校建立了稳定的干部教育培训业务关系。近三年共接待省部级以上领导干部100多人次，接待专门进行党性教育的机关、社会团体、企事业单位5000多个，充分发挥了基地在党性教育中的重要作用。

（二）准确把握宣传重点要求，大力开展社会宣传教育

始终把开发利用革命文化资源与当前党的宣传重点融合好，把革命文物遗址转变为生动课堂，使重庆红岩联线成为资政育人、宣传教育的重要阵地和实践课堂。

制作革命教育展览。除了在红岩革命纪念馆、红岩魂陈列馆、中国民主党派历史陈列馆三大主体馆分别推出"千秋红岩"和"渣滓洞、白公馆——革命烈士斗争事迹"等基本陈列外，2013年，重庆红岩联线还制作推出了"红岩精神与群众路线教育展"等5个临时展览，陆续开展了重庆市各区县巡展活动。巡展已走完13个区县，接待游客60余万人次（团体30余万人次），免费讲解达1000余场。目前正在制作"红岩精神与中国梦"、"红岩精神与社会主义核心体系建设"等专题展。

• 红岩精神与党性教育展

开展精品剧目演出。整合了重庆市京剧团、重庆市话剧团资源优势，以红岩革命历史文化题材为内容，精心打造了新编京剧《张露萍》(第26届中国戏剧梅花奖)、话剧《幸存者》(第七届全国话剧优秀剧目)、《红岩魂形象报告展演》等革命舞台剧目10余部，每年演出200余场。

让文物活起来

• 话剧《幸存者》

• 京剧《张露萍》

• 下基层演出

• 丰富的文化产品

　　开发丰富文化产品。编辑出版了《红岩档案解密》、《忠诚与背叛》、《信仰的力量》等红岩系列图书，制作了《生命作证》、《千秋红岩》等影视纪录片；开发了"沁园春·雪"字画、红岩笔记本、小萝卜头书包等100余种文化产品。2013年，专门出版了《红岩精神与群众路线教育故事读本》和《红岩精神与群众路线教育实践活动（教材）》两本图书，服务于第二批党的群众路线教育实践活动，已向各级党员干部赠送5000余册。

丰富红色旅游活动。在认真做好观众文化旅游服务的基础上，坚持在主要景点开展"红岩电现场情景剧演出"、"红岩广播故事会"、"红岩诗歌经典诵读"、"红岩经典歌曲传唱"、"点火仪式"等特色活动。每年策划各种主题特色活动 600 余场次，增强了革命文物遗址吸引力。

· 红色旅游活动

　　开展重大节庆活动。每年清明节、"11·27"烈士纪念日、六一儿童节、五四青年节、国庆节等重大纪念日，在歌乐山烈士墓前开展祭扫仪式、重温入党誓词、入团仪式、入队仪式等革命传统教育活动。2014 年开展的"清明祭英烈"活动，中央电视台新闻频道进行题为"不能忘却的纪念：重温红岩精神——重庆各界缅怀先烈"的现场专题报道，成为当天中央电视台新闻联播的头条。

· "清明祭英烈"活动

五　拓展文化服务渠道，延伸教育平台

创新文化服务载体，不断延伸宣传教育平台。创建了 38 个红岩班队、25 个周恩来班、1 个红岩社区，招募了 1545 名红岩志愿者；在全市各区县创建红岩文化室 28 个，免费制作专题展览，把红岩革命文化送到群众家门口，现已延伸到西藏昌都等地。今年，组建了红岩精神宣讲队，以故事会、报告会等形式，走进社区、部队、学校、乡镇、企业，大力开展了践行社会主义核心价值观和宣传红岩精神的"五进"活动，宣讲 50 余场，观众达 3 万余人次，赢得了良好的社会反响。

在今后的工作中，我们将全面贯彻落实党的十八大和十八届三中全会精神，以改革创新为重点，以传播红岩革命文化、践行和培育社会主义核心价值观为己任，合理开发利用革命文物资源，切实加强文物征集、管理，夯实立馆之本，强化研究开发提升优馆之魂，深化景区建设扮靓服务之窗，抓好社教宣传增强宣教之效，把准市场导向破解产业之困，创新管理机制培育活力之源，加强党的建设筑牢发展之基。不断推进治理现代化，提升品牌影响力，提高市场竞争力，增强组织凝聚力，全面深化改革，加快事业和产业发展，打造红岩升级版，为实现中华民族伟大复兴的中国梦作出新的更大努力！

• 重庆烈士墓小学红岩班祭扫活动

安徽黄山市黟县人民政府

让文物活起来

点评

安徽西递村在怎样留住原住民，怎样发挥原住民在传统村落保护利用中的主体作用上，独辟蹊径，创新管理模式，在传统村落的保护与利用中独具特色。

保护世界遗产　传承徽州文化

陶　平

西递村位于安徽西南部的黄山黟县境内，始建于北宋皇祐年间（公元 1047 年），因村中东水西流且古时有递送邮件的驿站而得名。整个村落呈船型布局，全村占地 1.9 万亩，辖 9 个村民组、400 户 1100 余人。现有保存完整的 14~19 世纪祠堂 3 幢、牌坊 1 座、古民居 155 幢。被联合国教科文组织誉为"人类古老文明的见证、传统特色建筑的典型作品、人与自然结合的光辉典范"，素有"明清古民居博物馆"和"桃花源里人家"之称。2000 年 11 月，西递与宏村作为皖南古村落的典型代表，被列入《世界遗产名录》，2001 年 6 月被国务院公布为全国重点文物保护单位，并相继荣获首批中国历史文化名村、中国十佳最具魅力名镇、全国文明村镇、国家 5A 级景区、中国十大最美乡村、全国环境优美乡镇等荣誉称号。

多年来，在国家、省、市的关心支持下，在县委县政府的正确领导下，西递着手整理和挖掘历史文化资源，探索文物保护与旅游开发新模式，开创了中国乡村旅游的先河。2013年，西递村接待游客70万人次，旅游总收达3.7亿元，农民人均纯收入达1.5万元。

· 西递

· 徽派民居

西递镇党委、政府成立了西递遗产保护委员会，综合协调、指导文化遗产的保护管理工作，强化遗产保护的日常监管监控。

一　主要做法与成效

（一）以遗产保护为核心，打造科学保护体系

西递把保护作为立村之本，健全规划、资金、政策、组织、建设等保障体系，维系了历史文化遗产的真实性和完整性。

首先是建立保障机制。注重把保护和开发相结合，编制《西递古村落保护规划》、《西递新区总体规划》、《西递新区控制性详细规划》，形成规划引领古村落保护和开发的运行机制；坚持政府引导、市场运作、社会参与的原则，积极争取国家文物保护资金、省政府专项保护资金，打捆使用"百村千幢"、亮点建设等多方面资金，每年从门票收入中征收 20% 的文物保护资金，同时探索建立党员认领古民居保护机制，破解古民居保护资金瓶颈，有力推进了文化遗产保护；制定《西递景区市容和环境卫生管理暂

行办法》、《关于禁止在西递古民居群内燃放烟花爆竹的决定》、《关于在西递古村落严禁新增经营活动和经营场所的决定》《西递村规民约》等规章制度，明确村民对古村落保护的各项职责和义务，同时与村民旅游分红等奖惩制度结合起来，提高了规章制度的约束力。

其次是完善保护体系。西递房屋建筑维修严格执行9项程序，经反复论证确立最佳修缮方案，进行公示，使用原结构、原材料、原工艺进行修缮，确保"修旧如旧"和"不改变原状"。 冻结核心保护区内建

• 古民居修缮

• 修旧如旧

• 西递一隅

设行为，严禁新建和改建与古村落不相协调的建筑物、村内道路及公共设施等，建立动态巡查制度，对违法违章建设一经发现坚决制止，限期拆除。古民居保护最主要的是防火和防蚁。防火上，制定《西递古村落消防专项规划》，建立专职和民兵相结合的消防队伍，30 年来坚持实行夜间打更制度，对所有家庭室内电气线路实施套管，将消防供水与县自来水联网，在村落主要部位安装消防栓等消防设施。防蚁上，坚持"预防为主、综合治理"的方针，与县白蚁防治所合作，制定《西递古民居建筑综合治理白蚁危害的防治技术施工方案》和《西递古民居白蚁灭治技术措施》，严格按照规范程序进行白蚁防治。

村里组建了专职消防队伍和西递村民兵义务消防队，新建了两个 50 吨储水池，安装了 11 处消防栓，配备了 80 余条消防水带，添置了两台手抬式消防提水泵和 600 具干粉灭火器。投资 400 余万元完成了全村 306 户民居用电线路整改。建立村民"十户联防"自主应急体系。专职消防队实行 24 小时消防监控。坚持每年组织民兵义务消防队进行消防演练。

第三是健全推进制度。组建西递遗产保护委员会和西递旅游管委会，成立西递遗产保护协会、卫生保洁队伍和民兵义务消防队等专门保护组织，综合协调、指导遗产保护管理工作；通过媒体宣传、村规民约、开展"文化遗产日"活动等形式，宣传古民居保护法律法规和古民居保护的重大意义，提高群众对古民居保护的认同感，使保护古民居成为群众自觉行动；以举办国际山地车节、摄影节等具有影响力的活动为载体，宣传推介古民居保护利用成果，形成了社会力量参与古民居保护利用的良好氛围；制定了《西递景区管理办法》，实行村民百分考评制，将考评手册发放到每个农户，对违反规定的乱拆乱建、店外经营等行为除强行拆除外，还按百分制进行扣分，与年终旅游分红相挂钩。

• 文化遗产保护宣传

（二）以产业开发为支撑，打造特色乡村旅游

西递在保护的基础上，还充分挖掘文化遗产独有的价值，把传统文化融入到旅游当中，大力发展乡村旅游。首先，充分挖掘民俗、民间传说等传统历史文化和非物质文化遗产，成功保护并申报了余香石笛、徽州楹联、祭祖三个省级非物质文化遗产，完成了《西递村志》的编撰，形成了遗产文化、楹联文化、徽派园林、宗族文化、祠堂文化等文化资源，进一步丰富了旅游内涵，提升了乡村旅游品位。其次，围绕旅游接待设施，建设了游客接待中心、旅游公厕、售票处等旅游服务设施，引入银行网点、便民超市等经营性服务配套设施；围绕交通设施建设，对石小线、西西线进行改造升级，对村内小街小道石板路进行整修和亮化，新建花园式停车场两处，通过完善旅游接待、服务等基础设施，使西递步入了集遗产保护、观光、居住、文化体验、度假休闲于一体的快车道。第三，围绕村居条件改善，缓解古村落容量，投入3亿元，在距离西递村约800米处，新建总建

• 民俗活动"抛绣球"

• 国际山地自行车赛

筑面积近 5 万平方米的西递 1047 商贸街,倾力打造"一个中心、三条街区"（西递旅游集散中心、非遗文化传承街区、特产制作体验街区和书画大师创作街区），淡化古村落内的商业氛围；投入 800 万元，新建了景区停车场，满足旅游停车需求，并逐步将游客中心外移；投入 2 亿元，新建农民新村，解决村民住房难的问题，改善村民居住环境和村落容量。第四，抓农旅结合，推动群众致富。西递把传统的农家农事等活动与旅游相结合，打造了"吃农家饭、住农家屋、干农家活、摘农家果、做农家事"的体验活动，挖掘了腊八豆腐、山珍野菜、腊味烧饼、桂花糯米饼等系列地方小吃，既为旅游增加了特色，又为村民带来了直接的收入。借力宣传，以协办国际山地自行车赛和摄影节活动为契机，加强宣传"特色节庆"旅游；依托西递丰富的徽文化元素，开展"胡氏祭祖"、"抛绣球"及古家具、古农具展示等活动，加强宣传"特色民俗"旅游。借势突破，抓住入选《世界遗产名录》和晋升国家 5A 级景区契机，加强以徽文化等为主题的遗产文化宣传，使知名度不断提升。

（三）以环境整治为抓手，打造宜居宜业宜游环境

西递坚持把环境整治与长效管理有机结合起来，在通过集中整治解决突出问题的同时，注重着眼长远，形成宜居宜业宜游环境。一是坚持整治村庄环境，对脏乱差、乱堆乱放、乱搭乱建进行集中整治，把村庄内各种网络线地埋，实现"三网合一"；建立长效化保洁机制，建立垃圾中转站，聘用专职保洁人员，全天候服务村庄保洁，实现了垃圾"收集、清运、处理"无害化；完善污水处理系统，结合三线地埋工程，铺设污水处理管网，基本解决了核心区的污水处理难题，历史原貌进一步再现。二是在保护修缮传统民居和古迹古建时，使农村民居建筑外形、颜色等与村庄整体风貌相协调，鼓励村民绿化、美化村旁、宅旁、水旁、路旁以及村口、庭院、公共活动空间以及空闲地、边角地；注重村庄与山水田园的自然融合，在村庄周边建立田园风光保护区，规定在保护区内保持传统种植，严格落实封山育林、退耕还林和绿色质量提升。三是注重传统文化的传承，积极挖掘、整理、保护、弘扬传统优秀徽州文化，以徽州特色的传统文化来引导人、塑造人，着力营造家庭和美、邻里和谐的文明村风；注重文化服务设施建设，建立了文化中心、农家书屋、居民健身和老年活动室，广泛开展各类群众性文化活动，丰富村民文化生活；注重文化队伍建设，组建了村书法协会、文艺协会、京剧票友会、舞蹈队，广泛开展各种文化新风活动。四是注重村民素质提升，开展了村民素质提升行动，制定旅游从业人员行为准则，提升了旅游服务水平。

二　主要实践经验

西递村充分利用狎特的古民居资源，积极探索文物保护模式，创新发展思路，使文物保护与利用相得益彰，确保永续发展利用。

一是坚持保护为主与合理利用相结合。协调好整体与局部利益、长远与当前利益的关系，切实保护好古村落的生态环境、自然景观和人文景观，充分发挥古村落的社会与经济效益，让西递古村落这一宝贵的文化资源得到永续利用。

二是坚持科学规划与依法推进相结合。切实把握规划先行的理念，在法律、法规许可范围内，依据现实情况，编制具有科学性和可操作性的规划，并积极与旅游发展、美好乡村建设、改徽建徽及其他产业相协调，促进古村落保护与利用。

• 南湖晨曦

三是坚持政府主导与市场运作相结合。古村落的保护利用以政府为主导，增强开发利用功能；充分调动社会力量，吸引社会及民间资本参与，通过市场化运作，促进保护利用工作。

四是坚持分类指导与分级负责相结合。古村落要实现最佳形式的保护、最高效益的利用，必须系统谋划、科学运作、分类指导、因地制宜。对县直相关单位、乡镇和村明确人员、明确任务、明确责任、包保到位，做到精心组织、周密安排、狠抓落实。

五是坚持尊重民意和宣传引导相结合。古村落保护利用工作是一项民生工程、德政工作，保护好特色鲜明、文化底蕴深厚的古村落，提升和改善古村落的风貌，其根本是为了广大人民群众的利益。我们开展古村落保护利用工作深入基层，宣传保护政策、保护方法，听取群众的意见和建议，提高了广大干部群众的认知度和认同度。

六是坚持保护利用与文化旅游发展相结合。古村落的保护利用工作是一项战略性工程，县、镇政府将古村落保护纳入财政预算，每年安排一定的资金支持各项工作开展；将古村落的保护工作与促进当地旅游经济发展相结合，真正做到在保护的基础上利用，在利用的过程中促进保护。

• 民居内景

浙江杭州市园林文物局

让文物活起来

西湖作为杭州市的名片，着眼全市旅游和第三产业发展，回归自然，还湖于民，在城市文化遗产整体保护利用上为我们提供了可资借鉴的经验。

保护西湖　惠及民生
实现人民大众共享文化遗产

刘　颖

115

杭州历史悠久，是著名的历史文化名城、风景旅游城市。秀美的西湖和"三面云山一面城"的城市格局、

· 西湖全景

悠久的历史文化使杭州享有"上有天堂、下有苏杭"的美誉，著名旅行家马可·波罗称颂杭州是"最美丽华贵之城"。2011年6月24日，在法国巴黎召开的第35届世界遗产大会上，杭州西湖文化景观通过了世界遗产组织的严格审核，成为中国第41处世界遗产。

回顾西湖申遗的历程，可以说是"十年磨一剑"。特别是从2002年开始连续10年实施西湖综合保护工程，对西湖进行了全方位的保护和整治，显著改善了景区的生态环境、旅游环境、人居环境。西湖申遗的成功经验正是体现在申遗的过程亦是文化遗产保护的过程中，并将文化遗产保护优先的原则贯彻始终。申遗的过程亦是让湖于民的过程，并将公众参与和共享文化遗产的理念贯穿始终。

一 西湖文化景观保护管理模式

（一）完善法规制度

为推动杭州西湖文化景观保护走上法治化轨道，近年来，杭州市制定和修订了《杭州西湖风景名胜区管理条例》、《杭州市文物保护管理若干规定》、《杭州市西湖水域保护管理条例》、《杭州市西湖龙井茶基地保护条例》等一系列法律法规，使西湖的保护与管理有了法律保障。为进一步加强西湖文化景观的保护，2008 年 11 月，杭州市发布《杭州西湖文化景观保护管理办法》。在西湖申遗成功后，《杭州西湖文化景观保护管理条例》又经浙江省人大常委会批准，自 2012 年 1 月 1 日起正式施行，为西湖世界遗产地的保护和管理提供了更加有力的法制保障。

· 《西湖文献集成》

（二）以研究促进保护

一直以来，杭州市委、市政府把西湖研究作为西湖申报世界遗产和实施综合保护的重要内容，成立了西湖学研究院和西湖学研究会，先后举办"世界遗产保护·杭州论坛"、"西湖龙井茶国际高级论坛"等大型国际性学术交流活动，并在海内外征集西湖文献，编纂出版《西湖文献集成》、《西湖全书》、《西湖研究报告》、《西湖通史》、《西湖辞典》"五位一体"的西湖丛书，总字数达 3100 万字。西湖文化遗产研究工作的开展有效促进了西湖文化景观的保护管理工作。

· 以研究促进保护

（三）民众广泛参与

民众参与决策是法治化建设过程中必要的一个步骤。"西湖模式"中的"问计于民"政策是在 2002 年西湖综合整治的过程中产生的。民众充分享有发言权体现在四个方面。第一，项目是否设立要公示。项目公示一般刊登在《杭州日报》上，市民可以发表意见。第二，项目实施方案要公展。通过公开展示的方式，向社会征求意见。第三，群众意见要反馈。将收集到的群众意见原汁原味地进行整理和汇编后反馈给杭州市相关职能部门和单位。第四，群众意见要采纳。相关职能部门和单位会责成方案设计单位吸纳群众意见，修改完善设计方案。对部分意见未予采纳的，也一并作出说明。这几年来，大大小小的西湖保护整治项目都经过了"问计于民"的过程。通过这个环节，市民、媒体、游客、学者等积极建言献策，发挥各自的专业优势及特长，成为西湖保护的直接参与者。

• 问计于民

此外，我们还组建上千人的"西湖志愿者"队伍，发起"西湖文化特使"活动，通过对大学生的集中培训、游学教育，让大学生从世界遗产的视角为中外游客解读和宣传西湖丰富的文化内涵，成为传播西湖文化的生力军。民众参与遗产的保护和管理，对协调遗产管理者与利益相关者的关系起到了积极作用。

· 志愿者和民众参与遗产保护

· "西湖文化特使"计划，让富有创意和激情的大学生参与杭州西湖文化的传播和西湖世界遗产保护工作的各项工作

（四）建立科学监控体系

　　一是实施网格化管理。在西湖遗产地保护范围内实行"条块结合、以块为主"的网格化长效管理措施，着力围绕"责任到人，细化管理责任区块"、"一岗多能，发挥职能互补优势"、"完善制度，严格落实考核监督"和"信息共享，全面掌握管理情况"四方面，重点采取划片、分块、定点、定员的方式建立网格化责任体系，形成了景点区域内一岗多能、信息互通、综合管理、联动支撑的管理新格局。二是建立科学有效的监测管理机制。早在2004年我们就组建了西湖景观实时管理监测中心，与遗产区内的43个现场分控室、19个现场管理机构共同构成了有效的保护管理体系，对西湖文化景观遗产区及缓冲区执行实时动态管理。2011年6月西湖成功被列入《世界遗产名录》，7月13日即挂牌成立了杭州西湖世界文化遗产监测管理中心，全面开展西湖文化景观遗产预警监测框架和遗产本体要素监测体系的研究和建设，完善西湖文化景观遗产地档案数据库，用科学手段指导和加强遗产地的保护与管理。

• 杭州西湖世界文化遗产监测管理中心揭牌

（五）提升综合治理水平

一是严格保护文物古迹。加强遗产区范围内遗产本体的"四有"工作。目前，所有遗产区范围内的文物保护单位均按《文物保护法》的要求，划定并公布了保护范围和建设控制地带，落实相关管理规定。与西湖景观密切相关的 14 处"代表性史迹"均已划定保护范围、建立文物档案、竖立保护标识。对遗产区范围内的重要地下史迹进行必要的考古勘探清理，并采取有效展示手段，使开化寺遗址、清行宫遗址、钱塘门遗址、雷峰夕照御碑亭遗址、抱朴道院遗址等一批重要史迹得以更好地保护与展示。二是多管其下，改善西湖水质。通过疏浚底泥、截污纳管、生物防治、引配水等工程，基本解决了西湖曾经为劣Ⅵ类水质的尴尬局面。2010 年，累计实现截污量 1.2 万吨／天，年引水量均超过 1.2 亿立方米，西湖水

• 多管齐下，改善西湖水质

体平均透明度明显提高。三是实施西湖综合保护工程。自 2002 年开始，连续10 年坚持实施西湖综合治理，以还湖于民、还绿于民为出发点，以生态保护为立足点，着力保护环境生态，挖掘和展示历史文化内涵，控制建筑总量和人口数量，提高原住民生活质量和生活水平，为西湖文化景观保护探索出一条可持续发展的道路。十年间，西湖周边拆除了违法及有碍观瞻的建筑 58.5 万平方米，外迁单位 265 家，外迁住户 2791 户，景区人口减少 7000 余人，恢复西湖水面0.9 平方公里，挖掘、修复、修缮历史人文景点 180 余处，新增景区公共绿地100 多万平方米。经过综合治理，西湖的历史人文资源得到了更充分的挖掘和

景区内不新建、扩建与保护无关的建构筑物，对有碍景观的建构筑物进行遮挡、改造，影响严重的坚决拆除；保护和维护生物种群、体现生物多样性；严格控制遗产区常住人口和农居建设及控制区内的建筑高度、体量、造型、层次和色彩，降低人口密度和建筑密度；加强名胜区内的文物古迹保护和非物质文化遗产保护，保持自然与人文景观精致和谐、相得益彰的特色。

利月，西湖的水质得到了全面改善，西湖的原有生物种群、结构及其功能特征得到了充分保护，西湖的自然生态得到了全面修复。"西湖综合保护工程"2003年获"中国十大建设科技成就奖"和"中国人居环境范例奖"，2008年获迪拜国际改善人居环境最佳范例奖。

让文物活起来

· 西湖景区一角

二　惠及民生　共享文化遗产

（一）免费开放，实现文化资源共享

西湖免费开放是惠及大众的最重要举措，其初衷有二。首先是贯彻"以人为本，还湖于民"的原则。由于历史原因，2002年前西湖周边民居、宾馆、机关、单位、工厂密布，一道道围墙挡住了西湖的美丽风光，也挡住了游人的步伐。其次，杭州要不断提高城市的国际化程度，就要为中外游客创造更舒适、更便捷、更开放的游览环境。为此，从西湖综合保护工程开始，我们就一直在探索"免费西湖"的模式，力求在社会效益和经济效益间找到最佳的平衡点。2002年"十·一"黄金周，西湖南线公园绿地及中山公园等率先免费开放，拉开了"免费西湖"的帷幕。接下来十余年间，杭州市政府逐步兑现免费开放西湖的承诺，环西湖的所有公园绿地除郭庄因容量有限需门票杠杆控制游人外，全部免费开放。为突出博物馆的公益性，杭州市政府又于2003年的"5·18"国际博物馆日率先在全国推行博物馆免费开放政策，激发了广大市民游客参观博物馆的热情，如今参观博物馆已成为杭州市青少年的必修课，成为他们的一种生活和学习方式。西湖文化景观申遗成功后，我们也在第一时间作出了相关承诺。西湖免费开放后，我们坚持"门票免费，服务不打折"，继免票举措后推出一系列免费服务，分别在曲院风荷、平湖秋月、湖滨晴雨、柳浪闻莺、雷峰夕照、苏堤春晓等6处游客流量较大的景区设立志愿者微笑服务亭，为游客准备了地图、轮椅、针线包、药箱等，全年提供服务。在旅游旺季还推出免费"爱心馒头"、"爱心凉茶"，让四方来客都感受到贴心的服务。在博物馆行业中以"青少年第二课堂行动计划"为平台，开展达标竞赛活动，重点考核内部管理和对外服务质量。优胜者授予杭州市文明示范博物馆称号，连续两年最差的将调整博物馆主要领导岗位。

环湖公园的免费开放使更多的人享受到西湖丰富的旅游资源，实现了公共资源最大化、最优化，这是西湖综合保护工程亲民性的最突出表现。

· 博物馆免费开放

　　据统计，2002~2013 年，我们相继取消了西湖130 多个公园景点和博物馆、纪念馆的门票，占总数的 70%以上。没有围墙、不收门票的西湖，俨然成为公众的大客厅，杭州市民、中外游客成为直接受益者，这不仅体现了对公众文化权利的尊重，也为杭州赢得了广泛的声誉。此外，西湖的免费开放也带动了杭州的现代服务业等第三产业发展，使西湖这一公共资源真正实现经济效益、生态效益、社会效益的最大化和最优化。

（二）关注民生，保障原住民权益

西湖龙井茶是西湖文化景观遗产的重要组成部分，遗产区 3322.88 公顷范围内，西湖龙井茶园面积近 200 公顷，共 8 个产茶村近 2 万茶农。茶园依山傍湖，形成了优美独特的景观。祖祖辈辈居住在茶村的茶农，也已成为龙井茶文化不可分割的组成部分，成为承载西湖文化景观价值原真性、完整性和生活延续性的重要元素，是遗产地重要的利益相关者。政府只有通过政策扶持，加大投入、建立反哺机制等方式提高茶农的生活品质，通过保护茶园基地、保护种质资源、保护传统工艺、保护生态环境来提高龙井茶的品质，才能实现"景区美、产业兴、百姓富"的目标，才能有效地留住原住民，留住西湖文化的根。

• 龙井全景

1. 整治"景中村"，让原住民安居乐业

一直以来，由于受到风景资源和遗产保护的限制，原住民的生产生活受到很大制约。"景中村"未整治前，基础设施落后，违法建筑杂乱。为改善原住民的生活条件，近年来杭州市在大力搬迁居民户的同时，对茶农等原住民则出台政策，鼓励其出资整治住房，政府以奖励形式给予一定补助。同时，政府投入大量资金，完善村庄基础设施和旅游配套功能，拆除违章建筑，实行截污纳管、电力电信"上改下"，充分调整绿化，设置园林小品，整治溪流环境，挖掘历史文化内涵。经过整治，彻底改变了"景中村"脏、乱、差状况，既减少了原住民生活污水对西湖水质的影响，也使原住民的生活品质得以显著提升。

2. 扶持特色产业，让原住民得到实惠

一是发展以西湖龙井茶为主导的支柱产业。抓好科学种植、环保、采

· 杨梅岭景中村整治全景

摘、炒制、包装等各个环节，从源头上提高龙井茶的产品质量，传承西湖龙井茶文化。据统计，2012 年遗产区龙井茶销售收入 9351 万元，比 2003 年增长 174 2%。二是扶持"一村一业、一村一品"特色经济。立足"景中村"的独特优势，以西湖周边丰富的旅游资源为依托，顺应当前休闲观光农业经济发展的强劲势头，促进西湖龙井茶与遗产保护、旅游休闲有机融合，鼓励茶农积极开办具有时代特征、区域特点、茶乡特色的"农家茶楼"、"青年旅舍"，努力把景中村建设成为"风情小镇"，走出各具特色的发展新路子。至 2012 年，西湖遗产区内已有 396 家农户从事与龙井茶和旅游休闲有关的经营活动，年收入达 19700 万元，茶农人均收入 14705 元，比 2003 年增长 46.9%。

3. 建立共享机制, 让原住民共同致富

　　为实现原住民共同致富的目标, 杭州市引导西湖世界遗产地内各村级合作社建立村民参与利益分享的合作机制。以遗产区范围内的茅家埠村为例, 西湖申遗成功后, 村委会抢抓机遇, 积极培育新的经济增长点, 利用集体房产资源开设为游客服务的相关产业。2013年村集体收入约1500万元, 除保洁、安全、公务等开销外, 余有900万元全部分红给420个村民, 平时还给老人每月发放补贴。此外, 三产服务业兴起所产生的服务岗位本村村民优先上岗, 人均月工资超过2000元。综合来看, 茅家埠村村民人均年收入都在2万元以上。由于我们始终坚持"保护第一、生态优先"原则, 以改善遗产地原住民生活条件为宗旨, 通过反哺机制, 将环境保护和原住民利益放在首位, 不仅使原住民的幸福感大大提高, 也增强了其保护西湖文化景观世界遗产的责任意识, 推进了西湖文化景观保护的可持续发展。

　　综上所述, 保护西湖不仅是我们的工作职责, 更是我们的历史责任。只有始终坚持"以人为本"理念, 通过实施还湖于民、"景中村"整治等惠民政策, 使广大百姓和中外游客成为西湖保护管理的参与者、受益者, 西湖文化才能得到更好的保护和传承。"后申遗时代", 我们还将坚持问情于民、问需于民、问计于民、问绩于民, 切实落实公众的知情权、参与权、选择权、监督权, 真正贯彻保护为公众、保护靠公众、保护成果公众共享、保护成效公众检验的理念, 让利益相关者参与世界遗产地保护管理的机制在不断实践中增添新内涵。

• 西湖霞光

上海博物馆

让文物活起来

点评

上海博物馆长期坚持以办展为中心，深入研究、精心策划、准确定位、细分受众，推出了一系列深受观众欢迎的文物精品展览，形成了上博品牌、上博特色。

创新工作形式　激发文物活力

陈克伦

博物馆作为文物收藏、研究、展示机构，文物是实现其社会效益的最重要的载体。作为一座以收藏、展示中国古代艺术为主的综合性博物馆，上海博物馆拥有文物藏品 100 余万件，其中珍贵文物超过 14 万件。如何让这些穿越历史的文物在新时代里焕发出新的活力，并吸引更多的人群走进博物馆，这需要博物馆不断创新工作形式，寻找文物与时代的契合点，激发出它们的新活力。以下，就展览策划、教育传播等方面介绍上海博物馆在创新工作方面的心得。

• 晋唐宋元书画国宝展的参观人群

让文物活起来

　　举办兼有学术性和观赏性的展览，是吸引观众不断进入博物馆的有效方法。在策划和筹各展览时，博物馆必须开动脑筋，设法让展览不断产生新的亮点，不仅让更多的新观众慕名而来，更保持住对老观众的吸引力。

　　举办展览系列化是上海博物馆展览策划的一个新举措。经过多年的展览实践和探索，我们逐步建立了"世界古文明系列"、"中国边远大省和文物大省文物精品系列"、"中外古代艺术名品"、"馆藏文物珍品"、"文物文化专题"等6个展览系列并围绕系列筹备文物展览，这样既可以提高学术水平，也能使观众对展览有新的期待。在此基础上不断深入调研，理性分析观众的欣赏需求和认知水平，结合上海博物馆馆藏特点和学术优势，推出了涉及书画、陶瓷、金石、工艺等各门类的中国古代艺术展，同时也着重推进与国内外博物馆的交流办展，引进各类国外艺术展览，为观众搭建不出国门也能领略世界艺术的平台。

上海博物馆在展览策划中，始终坚持以下原则：第一，始终坚持古代艺术博物馆的性质；第二，始终坚持以"服务观众"为第一要务；第三，始终坚持学术性与观赏性的有机统一；第四，始终坚持"以我为主"的策展原则；第五，始终坚持对外合作、交流的方针。

展览的成功举办除了得益于上海博物馆优秀的办展传统，更重要的是不断创新的办展思路，如何有效地利用馆藏优势，整合多方面力量，推出具有典型性、代表性的文物精品展。近年来比重不断增加的专题展，就是这种类型的有效尝试。所谓专题展，是指结合馆内外文物的专题性展览。它是一种依靠多方力量、整

• 古代奥林匹克运动与艺术展

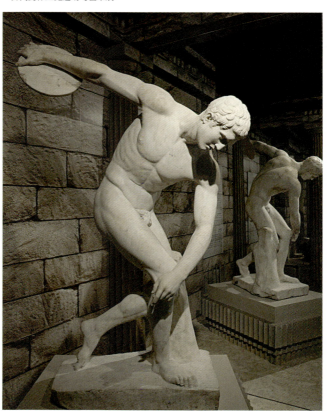

合资源、深入挖掘文物内涵与价值的展览形式。这种展览形式将文物置入一个主题或是时代背景，配合相应的陈列与说明，使得观众能更深入、准确地欣赏和理解文物。

十多年来，上海博物馆主持策划的"晋唐宋元书画国宝展"、"周秦汉唐文物珍品展"、"古代奥林匹克运动与艺术"展、"千年丹青：日本、中国藏唐宋元绘画珍品展"、"辉煌的神庙艺术：古印度文明展"、"翰墨荟萃：美国收藏中国五代宋元书画珍品展"、"从巴比松到印象派：克拉克艺术馆藏法国绘画精品展"、"竹镂文心：竹刻艺术特展"和"幽蓝神采：元代青花瓷器大展"等一大批展览都成为上海乃至国内外轰动一时的文化热点。这些展览既有高度学术性又广受大众欢迎。据英国《艺术新闻》统计，在2013年全世界博物馆、美术馆举办的650个艺术展览中，上海博物馆有4个展览跻身于平均每天观众量最多的前20位。

结合重要展览举办国际学术研讨会是充分发挥文物资源作用的良好途径。2012年，我们结合展览举办了有关中国古代书画、竹刻艺术、陕西韩城出土芮国文物和元代青花瓷器的4次国际研讨会，国内外知名学者踊跃参加，对文物进行深入研究和探讨，取得了很好的社会效果。

• 王维伏生授经图——大阪市立美术馆藏（千年丹青：日本、中国藏唐宋元绘画珍品展）

• 从巴比松到印象派：克拉克艺术馆藏法国绘画精品展

　　充分利用馆藏文物资源举办各类展览是文物合理利用最主要、也是最直接的途径。除了在本馆举办一系列文物展览之外，我们还精心组织文物到境外和国内其他博物馆举办展览。2008~2013 年，上海博物馆先后在美国、荷兰、新西兰、澳大利亚、英国、爱尔兰、哥伦比亚、法国、日本及香港、澳门等地举办各类文物展览 16 个，提供文物参加在美国、瑞士、土耳其、罗马尼亚、英国及澳门、台湾地区举办的 15 个中国文物展览，为传播中华文化、弘扬中华文明尽心尽力；与此同时，我们利用馆藏文物、组织展览到国内各博物馆展出，先后在浙江、内蒙古、山西、甘肃、新疆等地举办 6 个展览，参加为北京、江苏、内蒙古、辽宁、河南等地举办的 20 个各类文物展览提供文物。我们还与上海地区的博物馆合作，在 4 个郊县博物馆举办考古成果展，并且提供文物参加在上海地区举办的各类展览，其中也包括在优秀的民营博物馆，如上海琉璃博物馆，举办的展览。

　　文物是博物馆的重要财富，要充分体现其历史、文化和艺术价值，让文物更好地焕发光彩，充分发挥展览的社会效益，就需要在教育和传播方面下大工夫。

教育传播是博物馆的一项重要业务工作，教育活动的深入开展，有利于增加观众对博物馆展览的理解和感悟，上海博物馆的教育部门不断创新教育工作的方式方法，在博物馆教育领域开辟了广阔的空间。

上海博物馆的特展教育活动主要的形式包括围绕展览主题的展厅讲解、持展讲座、教育读物、文化活动、网上视频和新媒体等。

2008~2013 年，我们围绕特别展览举办的讲座 210 场，平均每年约 35 场，听众总数接近 1.7 万人次，发挥了很好的文物展览传播作用。

配合展览的教育读物是展览普及教育的另一项有效手段。从 2008 年到 2013 年 9 月，上海博物馆已经出版特展读物近 20 部。教育读物不同于展览图录，是根据不同观众的不同接受水平推出了多种新形式的读物来满足观众离开博物馆后进一步学习的需求，其影响力比展览更加广泛而持久。近年来，配合特

让文物活起来

· 赵佶捣练图——波士顿美术馆藏（翰墨荟萃：美国收藏中国五代宋元书画珍品展）

展推出的《世貌风情》、《南宗正脉——画坛地理学》、《海上锦绣》《翰墨荟萃》等教育普及读物都获得了很好的销量，其中《南宗正脉——画坛地理学》一书将同名展览中的画家"二王"重新置于明末清初的社会环境中，帮助观众从历史地理与美术史两个角度了解明末清初他们所代表的江南山水画家的审美意境，该书获得中国文物报"2012年度文化遗产优秀图书"称号；《翰墨荟萃》因广受欢迎而印刷数次，总发行量达到8000册。

　　除了传统出版领域的教育读物，我们也在最新的数字出版领域做出了尝试，配合"竹镂文心——竹刻艺术特展"、"幽蓝神采——元代青花瓷器大展"两个展览编写了"竹镂文心"和"元青花"两个app应用，取得了良好的社会反应。

　　在展览信息推广方面，我们通过上海市教委的教研室－各区县－学校的渠道，每个展览发出1200张展览海报，同时通报本馆博物馆之友中的1300多名教师会员，吸引广大中小学生参观展览、传播文化。我们还通过"文化包"等形式，帮助学校

教师理解展览并做"自助式"讲解。"文化包"通常由展品图片、教学用光盘、动手体验用的示范材料、供参观讨论用的思考题等组成，对于历史、语文或者艺术教师速成"专家"具良好的实用价值。

　　为了充分发挥文物的作用，传播文物所承载的传统文化精髓，从 2008 年起，我们与上海电视台"艺术人文"频道合作，推出公益性的"文物博览"（"博物志"）栏目，所做节目坚持收藏回归文化，超越文物的市场价值而探索其内在文化价值，以极具特色的国宝级文物为切入点，深入、生动地在大文化的背景下对文物传承进行介绍，展示中华文明的脉络与细节，关注文物的人文情趣、历史故事、艺术品位，了解传统文化的辉煌过去，确认在全球化浪潮下的文化民族身份，以故事来吸引观众。我们还帮助该栏目联络了国内 20 多家著名博物馆，6 年来共播出 312 期。栏目获得了中国广播电视协会科技教育节目奖、收藏知识类一等奖、上海市优秀电视栏目奖、集团总裁奖、传媒人奖、优秀栏目奖等多个奖项。与社会上热衷的各种"鉴宝"、"寻宝"、"探宝"等收藏类电视节目完全不同。

　　我们始终坚信，博物馆在弘扬民族传统文化、丰富群众精神文化生活方面担负着义不容辞的责任和义务。多年来，我们始终重视依托自身文物资源的优势，围绕弘扬和传承爱国主义、民族精神和传统文化，致力于凸显博物馆的社会教育功能，不断提升博物馆的文化影响力。

　　在未来发展中，我们将继续努力，立足于上海博物馆自身的馆藏特点及优势，充分发挥文物的作用，在更多领域中开拓创新，争取为提升博物馆的社会影响力和文化辐射力不断作出更大的贡献。

・北方之星：叶卡捷琳娜二世与俄罗斯帝国的黄金时代

广东孙中山故居纪念馆

让文物活起来

把保护利用好文物及环境作为"中山故居"建设发展的基点

萧润君

孙中山故居纪念馆位于广东省中山市翠亨村，依托孙中山故居而建，占地面积 20 万平方米。在珠江三角洲改革开放的浪潮中，孙中山故居纪念馆坚持保护文物及环境求发展的原则，打造"中山故居"文化遗产群。在弘扬中山先生伟大精神品格、思想理论及其当代价值的同时，保护中国历史文化名村和以孙中山为代表的一批历史名人遗迹，使博物馆的文物陈列"活起来"，把保护利用好文物及环境作为"中山故居"建设发展的基点。

• 孙中山纪念馆

一 保护孙中山故居及文物环境并合理利用

孙中山故居纪念馆长期坚持以创新思维保护文化遗产并合理利用，在逾 20 万平方米的空间，建设以"孙中山及其成长的社会环境"为主题的展示体系。

（一）让观众穿行于伟人"邻居"之中

为保护孙中山故居的环境风貌，我们控制保护孙中山"邻居"的住宅，开辟民居展示区，再现孙中山成长的社会景况，抢救保护了一批清末民居及民俗文物。观众"拜访"各个家庭，穿行于伟人"邻居"之中，了解童年孙中山的生活环境，透视珠江三角洲的民俗风情。青少年学生在这里看到了历史，侨居海外的同胞在这里找到了记忆。

• 孙中山故居

• 观众穿行于伊人"邻居"之中

（二）让观众体验伟人故里农耕文化

为保护翠亨村仅有的耕地，我馆在孙中山曾劳作过的地方开辟农耕展示区。策划"体验伟人农耕生活"等多种活动，吸引了学生和家长以及教师、机关干部等各类人群的踊跃参与，一些来访的外国游客也加入其中，使"种田"成为国际文化交流及博物馆与观众互动的精彩项目，成为纪念馆的一项文化品牌。在保护文物环境的同时也传播了绿色生态农业理念。

· 体验伟人农耕生活

· 2011 年，日本荒尾市长率代表团割稻子

· 冬季的油菜花到春耕时将成为绿肥

（三）让观众在表演与体验中感受"非遗"

我馆利用保护下来的旧民居开辟非物质文化遗产展示区，以物质文化保护的成果展示非物质文化。在非遗展示区，组织非遗项目传承人现场表演，邀请观众参与其中，拉近了博物馆与观众的距离，促进了互动，增加了展览的活力，例如列入国家保护名录的非遗项目"长洲醉龙"表演、民间艺人端午节示范扎粽技艺、观众动手制作月饼等。

· 非物质文化遗产展示区

· 组织"非遗"项目表演

· 中秋节"非遗"传承人与观众共做月饼

· "非遗"传承人现场演唱"咸水歌"

二 充分发挥孙中山文物的独特作用

高举孙中山旗帜，团结社会各界结成广泛的爱国统一战线，充分发挥孙中山文物的独特作用，配合外事、侨务、港澳台工作，开展对外交流，成为我馆工作的一个亮点。

近年来，我们策划的各种特色展览先后在夏威夷、台北、香港、澳门、武汉、上海等地展出。如2013年在美国夏威夷州议会大厦举办"孙中山的亲属与后裔"展览，孙中山数十位亲属和夏威夷州州长出席展览开幕式，在当地华侨中产生了良好影响。

我馆组织展览和两岸人员交流，台湾高层来访和青少年活动等，充分发挥了博物馆的社会功能。如派遣研究人员在台湾"中研院"做"访问学人"，与国内外学术机构交流并在孙中山、宋庆龄文物资源共享等方面建立长期合作关系等。

· 时任中国国民党主席吴伯雄率国民党中常委参观孙中山故居

· 中国国民党荣誉主席连战参观孙中山故居

• 蒋孝严夫妇参观孙中山故居

• 两岸退役将领纪念全民族抗战 77 周年

三 以新的理念与技术推动文物保护与利用

持续 14 年以国际标准体系和新技术手段对博物馆业务、文物环境、自然生态以及文物保护与合理利用实施科学规范的管理。

（一）建设博物馆信息服务示范基地

2008 年，我馆与中国移动共建博物馆信息化服务示范项目，包括 wifi 网络覆盖、手机门票、手机导览、参观预约、手机查询、反馈意见等。顺应自媒体潮流，开设微博、微信公共账号；发布本馆网站手机版；把二维码运用到日常业务上。"微信"出现后，我们又迅速使用"微信"导览。目前，我馆正在布设 4G 网络。

面对博物馆观众"自带设备"比例的持续上升，我们调动观众的'自带设备'，创新博物馆教育传播形式，为其他服务项目搭建了平台，为文物合理利用创造了新模式。

• 调动观众的"自带设备"

（二）建设孙中山研究信息中心

依托馆内"逸仙图书馆"和"电脑网络中心"，我们建立了传统文献、档案与现代电子数据相结合的"孙中山研究信息中心"。在数据信息资源建设的同时，持续完善数据运行所依托的技术设备，升级覆盖全馆的公众服务和内部管理两个主干千兆的高速光纤网络，拓宽网络出口带宽。数据存储总容量达到75TB、专用服务器6台，具有较高的数据储存处理能力和安全性。逸仙图书馆和信息中心免费为社会提供文献检索、查阅服务。

· 孙中山数据库

· 2007 年，孙中山数据库开通

让文物活起来

• 建立传统文献、档案与现代电子数据相结合的"孙中山研究信息中心"

• 逸仙图书馆和信息中心免费为社会提供文献检索、查阅服务

内蒙古博物院

让文物活起来

点评

内蒙古博物院针对内蒙古地域辽阔、广大农牧区缺少博物馆的实际，主动与学校建立长期合作机制，打造流动博物馆、数字博物馆，将展览、讲座和教育活动送到孩子们的身边。他们的经验在博物馆进校园、进课堂及融入国民教育方面，无疑具有推广意义。

博物馆青少年教育的探索与实践

侯　俊

　　随着博物馆社会影响力日益提升，青少年观众成为博物馆教育的重要对象。怎样让更多的青少年走进博物馆、感受博物馆、爱上博物馆，怎样搭建素质教育平台，开展教育项目设计，这都是博物馆应该研究和解决的问题。

　　内蒙古博物院作为民族地区的综合性国家一级博物馆，近年来在策划和实施青少年教育项目的过程中，积极进行理论研究和实践探索，从教育理念、形式、内容和手段等方面进行创新，走出一条借鉴先进经验、具有本地区特色、符合本馆实际的博物馆青少年教育模式。

一 利用多种教育途径，不断扩大教育覆盖

　　内蒙古博物院针对青少年教育的需要，结合自身实际，拓宽对青少年教育的途径。

　　一是科学定位，着力满足青少年的实际需求。内蒙古博物院平均每年接待观众 140 万人次，青少年观众约占观众总数的 1/3。我们针对不同年龄层次青少年的认知发展特点和心理特质，在教育内容的设计、教育手段的使用和教育人员的选择上进行调整。比如，针对 6~9 岁的儿童，我们突出寓教于乐，更注重活动的直观性、游戏性和互动性，教育人员也应具有良好的亲和力，避免过多知识的灌输。

· "蛇我其谁"元宵节主题活动

二是围绕展览，充分发挥馆藏资源优势。内蒙古博物院的青少年教育项目都是围绕陈列内容，通过直观的实物让青少年了解特定时期的社会生活与历史文化。"欢乐大课堂"知识竞赛、小讲解员培训班和综合实践课等教育项目都有展厅参观或展厅学习的环节，学生可以通过讲解和藏品了解历史知识，为开展其他互动活动奠定坚实基础。除了基本陈列，临时展览也是良好的教育资源，内蒙古博物院针对"兴安记忆——呼伦贝尔四少民族民俗展"、"人民科学家钱学森事迹展"等临时展览，举办了不同主题的青少年教育活动。

· "兴安记忆"主题活动

· 小讲解员在展厅讲解

• 革命短剧表演

• "草原英雄小姐妹"讲故事

三是培养兴趣，激发青少年参与热情。孩子倾向在游戏中学习，只有找到他们的兴趣切入点，才能设计出青少年喜闻乐见的教育项目。比如，内蒙古革命斗争史的内容对于青少年而言略显枯燥，"草原烽火"展厅的内容比较单一。我们采用讲故事、演短剧、做互动游戏等方式，为青少年创设轻松愉快的学习氛围。

四是主动出击，积极走到青少年身边。繁重的课业压力减少了青少年走进博物馆的机会，博物院主动与学校建立长期合作机制，通过流动博物院、数字博物馆等形式，将展览、讲座和教育活动带到孩子们的身边。内蒙古博物院深入研究馆内资源与学校教育的结合点，不仅在寒暑假针对青少年设计了丰富多

· 走进蒙古族学校

· 走进革命老区

彩的主题活动，而且与学校建立了长期合作关系，以"请进来、走出去"的方式开展青少年教育项目。比如，"欢乐大课堂"知识竞赛，"博苑"讲坛等品牌教育项目，合作学校都会定期来馆参与活动，"文物讲座"进课堂等活动也受到学校和学生的欢迎。博物院在设计综合实践课的过程中，在课程内容、授课方式等方面都与教育系统的领导、学校的老师进行探讨，保证教育项目能够真正融入学校教育。

二　拓展多种教育项目，切实提升教育效果

内蒙古博物院针对青少年推出一系列形式新颖、内容丰富的教育项目，并逐步实现系列化、常态化、品牌化、规范化的操作。

一是互动型教育项目，在亲身体验中收获知识。内蒙古博物院开展的青少年教育项目将知识性与趣味性完美结合，更加注重参与和体验，让学生在动手中学到知识，在参与中感受快乐。"欢乐大课堂"知识竞赛以知识性、趣味性、参与性的特色活动为载体，包括参观展厅、知识问答、互动活动三大环节。自制民族服装、蒙古族摔跤等互动项目让青少年通过亲身

· 蒙古族摔跤

· 我为革命纺线线

· 民族服饰竞猜

· 现场抢答

· 航天服制作

· 小小弓箭手

"欢乐大课堂"知识竞赛

创办初衷	➤	依托丰富的文物资源和陈列展览 针对不同年龄青少年的身心特点和接受能力 充分发挥民族特色和馆藏优势 采用寓教于乐、互动参与的方式 为学生提供一个获取知识、提高素质的平台。
活动宗旨	➤	"告诉我我会忘记,让我看我会记住,让我参与我就会明白" 在轻松愉快的氛围和互动体验的活动中,增长知识,提高素质
活动内容	➤	知识导入 知识问答 互动活动

· 亲临考古，还原现场

· 亲手制作民族服饰

· 搭建蒙古包

参与来感受内蒙古博大精深的历史文化和民族风情。自2005年开办至今，"欢乐大课堂"知识竞赛已成功举办近千期活动，参与学生10万余人次。"互动空间"是内蒙古博物院专为青少年开辟的活动场所，包括"亲临考古，还原现场"、"淘尽历史，陶艺文化"等近十项互动项目。青少年通过"亲手制作"形成立体的感性认识，更深层次地了解了历史文化。

二是演示型教育项目，在直观感知中提高认识。"博苑讲坛"是内蒙古博物院的品牌活动，已成功举办 61 期 66 场公益讲座。针对青少年举办的讲座以民族文化传播、传统节日民俗演示和爱国主义教育为主题，采用图文并茂的讲解、非遗传承人现场演示、观众互动参与等形式，增强青少年对文化的认同和尊重。比如邀请民间技艺传承人现

• 传统蒙古靴制作工艺

场演示蒙古族服饰、达斡尔族哈尼卡和鄂温克族桦树皮制作工艺等。综合实践课是内蒙古博物院围绕展览陈列内容，结合中小学生教科书设计的青少年教育项目，它集参观、演示、互动于一体，包括民俗、历史、革命和自然四类课程。2013年，博物院与学校合作，开展了"恐龙化石的发掘与包装"、"航天知识入门"、"我们一起去考古"、"围鹿棋"等四门课程。教育人员在多媒体授课之后，现场演示恐龙化石如何包装、火箭如何升空、考古工具如何使用、围鹿棋的规则等内容，青少年在获取直观认识之后再动手操作，获得亲身参与研究探索的体验。

• 我们一起去考古

· 围鹿棋

小小讲解员公共课程之化石挖掘

小小讲解员公共课程之形体礼仪

　　三是系统型教育项目，在参与过程中全面发展。小讲解员培训班是内蒙古博物院针对青少年开办的最有观众基础、最受家长欢迎、最具社会影响力的品牌活动之一。自2005年开办以来，已有来自440余所学校的4000多名学生参与培训。近年来，博物院对小讲解员培训班及讲解比赛进行了系统的梳理和总结，从小讲解员的招募与管理、讲解培训、公共课程、展厅实习、毕业考核等方面不断完善和创新。各展厅辅导老师针对学生不同情况，进行一对一、一帮一的指导，并开设了讲解艺术、化石挖掘、蒙古象棋、陶艺制作、快乐英语等丰富多彩的公共课程。每年暑期举办的小讲解员讲解比赛，为孩子们提供了一个展示自我风采的舞台，现已成功举办6届，每届比赛的优胜选手成为博物院的小志愿者。

• "勾勒我心中的中国梦"国庆节自办展览

• "玩具检索"儿童节自办展览

四是探索型教育项目，在自主学习中感受快乐。在探索型教育项目中，教育人员是引导者，青少年是探究者。他们通过自己的观察、思考、讨论，主动自觉地发现新事物，并在探索的过程中提升综合素质。学生自办展览为青少年提供了自主学习的平台，他们根据自己的理念举办展览，在教育人员的协助下完成展览的筹办、设计、现场讲解和演示等，体验到博物馆不同的工作内容。内蒙古博物院先后展出了"国际化学年主题科普展"等4个学生自办展览。结合临时展览举办的教育活动，通过"寻宝之旅"、"展厅探秘"等形式，激发了青少年的好奇心和求知欲，也在活动过程中培养了他们的自主学习能力和团结协作能力。

• 走进幼儿园

　　五是游戏型教育项目，在愉悦氛围中激发兴趣。游戏型教育项目贯彻了"寓教于乐"的教育原则，具有很强的竞赛性和趣味性。内蒙古博物院结合元宵节、儿童节、清明节、端午节等节日举办了丰富多彩的主题活动，其中，针对青少年开展的节庆主题活动采用互动游戏的形式，激发青少年的参与兴趣。比如，2012 年"蛇我其谁"元宵节主题活动就采用了模仿秀、连连看等游戏，受到孩子们的热烈欢迎，现场气氛十分活跃。

六是数字化教育项目，在移动展车中触摸文化。"流动博物院"系列活动先后走进呼和浩特市大、中、小、学和幼儿园数十次，一开始是传统的展板宣传，后来逐渐融入了专题讲座、互动活动和民俗演示。2013年5月，内蒙古博物院历时三年打造的全国首家流动数字博物馆正式展出，并陆续在内蒙古其他盟市巡展，截至2014年6月，累计展出46站，包括各类大、中、小学，参与观众27500余人，流动数字博物馆大量采用触摸屏技术和AR增强现实技术，以文字、声音、图片、视频及3D模型等形式全方位、立体性地展现文物所承载的历史文化，激发了青少年探知历史文化的热情。

· 流动数字博物馆

• 流动数字博物馆志愿者

在大力提倡素质教育的今天，博物馆在青少年教育中发挥着更加显著的作用。内蒙古博物院在对青少年教育的探索过程中，更加注重体验、互动、参与，这些都是符合青少年身心特点的教育模式。在未来的青少年教育实践中，内蒙古博物院将不断提高理论水平，努力摸索出一条既符合青少年身心特点又符合博物馆发展规律的教育模式，让历史与未来对话，让博物馆伴随青少年快乐成长。

辽宁沈阳市铁西区人民政府

让文物活起来

点评

　　沈阳铁西区结合实际，积极借鉴国内外工业遗产保护利用的成功经验，政府主导，整体规划，分类开发。在原有工业建筑的基础上进行功能转化，形成了别具特色的工业遗产博物馆群、工人村博物馆群，走出了一条工业遗产再利用的新路。

保护工业遗产　共享保护成果

李景祥

　　工业是人类文明的结晶，是人类社会进步的象征。世界工业从 18 世纪 60 年代英国发起的第一次工业革命至今已经走过了 200 多年的发展历程，中国工业从 19 世纪 60 年代洋务运动开始也经历了 100 多年的发展历程，工业的发展为人类和社会进步做出了巨大的贡献，同时也积淀了深厚的工业文化。然而，作为工业文化重要载体的工业建筑却随着城市发展、企业升级、搬迁改造大量消失。工业建筑是工业发展不同阶段科技和人文精神的结晶，不仅代表着工业历史和文化，更在建筑学、考古学、社会学、美学、艺术等方面具有独特的价值，且不可再生。因此，保护工业建筑遗产已经成为现代工业发展进程中的一个重要课题。为了有效保护全人类的文化遗产，联合国教科文组织于 1972 年在巴黎通过《保护世界文化和自然遗产公约》，截至 2011 年 6 月全球世界遗产总数 936 处，其中工业遗产 54 处。2013 年公布的我国第七批全国重点文物保护单位名单中，工业遗产也是重要一项，这说明我国充分认识到加强工业遗产保护的重要性和紧迫性。沈阳市铁西区作为闻名全国的老工业基地，对工业建筑遗产的保护有着强烈的历史责任感和使命感，秉承着高度的文化自觉，在区域建设的进程中进行了初步探索。

• 沈阳市铁西新区全区域发展规划图

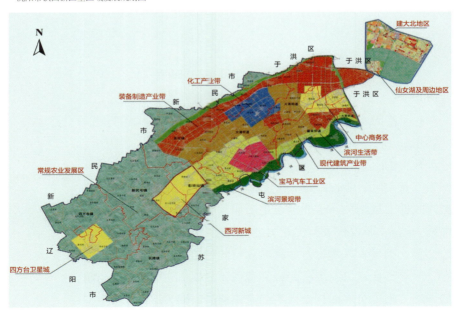

一 铁西区开展工业建筑遗产保护的优势

(一)深厚的工业文化积淀是开展工业建筑遗产保护的基础

铁西区素有"东方鲁尔"之称,从1905年开办的第一个工业企业开始,经历了民族工业、殖民工业及国民党统治时期的漫长发展过程。1948年11月2日沈阳解放后,铁西区在新中国的怀抱中,又经历了从计划经济到市场经济的转型,是享有"共和国工业长子"和"共和国装备部"美誉的老工业区。百余年的发展历程,让这里拥有大中型企业230余家,产业工人30多万,被誉为新中国机床的故乡和重型机械的摇篮。在中国有能力制造的24类210种成套设备中,沈阳独占2/3,而铁西区的工业总产值占沈阳市的66%。铁西区在为共和国创造了数百个工业第一的同时,也积累了无数优秀的工业建筑。67条铁路专用线、67条以"工"字命名的街路和全国最大的工人居住区——工人村以及各类厂房、子弟学校、职工医院、俱乐部、宿舍等,这些建筑形象地记录了中国工业发展的历程,系统展示了不同历史时期中国工业建筑的风格,生动地体现了工业建筑的科技价值和美学价值。

工业建筑按存在的空间分为太空工业建筑、陆地工业建筑、水岸工业建筑、地下工业建筑;按使用功能分为生产用建筑、生活用建筑、娱乐用建筑;按建筑年代分为民族工业建筑、殖民地工业建筑、民国时期工业建筑、新中国成立至改革开放前工业建筑、改革开放以来的工业建筑等。无论从哪种分类方法考量,铁西区都是国内拥有品类最多、数量最大的工业建筑地区之一,也是在城市发展、企业升级、搬迁改造进程中遗存工业建筑最多的地区,这为铁西区开展工业建筑遗产保护工作奠定了坚实的基础。

（二）高度的文化自觉是开展工业建筑遗产保护的内在动力

铁西区是一个老工业基地，生活在这里的每一个铁西人都与工业有着千丝万缕的联系，参与着工业的发展，也见证着工业带给生活的改变。每一座工业建筑都有着铁西人最深刻的回忆，也饱含了铁西人对工业的深刻情感，正是这份情感演化成了铁西人对工业建筑保护的一种文化自觉。沈阳市委常委、铁西区委书记李继安说过："工业遗产是铁西老工业基地在发展进程中的一个历史符号，失去了它，就等于割断了城市的历史。"这段话道出了这种自觉的真谛，也道出了铁西区开展工业建筑遗产保护的动力和决心。

• 工业文化走廊主题雕塑之晨曲·暮歌

• 工业文化走廊主题雕塑之铿锵名录

二 铁西区开展工业建筑遗产保护的具体做法

(一)政府主导,明确任务

工业建筑遗产除少量是建国前的遗产,多数是一五、二五和改革开放前的建筑,是计划经济的产物,基本都属于国有资产,要想有效地保护这类工业建筑遗产必须以政府为主导。铁西区委区政府对此高度重视。2005年,区政府成立了以政府主要领导为组长的工业遗产保护领导小组,办公室设在区文体局,负责日常的组织和具体工作;起草了沈阳市铁西区文物保护若干规定,并以政府文件下发到全区企业和相关部门,让全体干部职工了解文物保护工作的重要性和相关要求,让文物保护相关部门明确任务,落实责任;研究制定了《铁西新区工业文物保护管理工作意见》,从落实科学发展观的高度,发掘其在历史、社会、科技、经济等诸多方面的价值,赋予工业遗产以新的内涵和功能。同时,通过广泛开展宣传活动,在全社会形成共识,凝聚力量,延续工业文脉,传承工业文明,发展工业文化。

(二)全面普查,重点保护

基于工业建筑遗产跨行业、跨年代及专业性强的特点,为了科学地对工业建筑遗产进行全面普查,2006 年,铁西区聘请沈阳建筑大学的工业建筑遗产保护专家带领近 300 名师生,分 30 个普查小组,对铁西区近 13 平方千米的工业聚集区内 230 余家企业的工业建筑进行了全面普查,实地勘察了沈阳铸造厂翻砂车间旧址、铁西工人村历史建筑群、满洲麦酒株式会社取水井旧址、满洲住友金属株式会社车间旧址、沈阳电缆厂俱乐部旧址、奉西机场附设航空技术部野战航空修理厂旧址、奉西机场机库旧址、沈阳给水站水塔等遗址,深入沈阳橡胶四厂、东北制药厂、新华印刷厂、沈阳化工研究院、沈阳化工股份有限公司、沈阳红梅味精厂等未搬迁企业,对厂区内的遗址和老厂房进行了测点、测量,了解了铁西区工业遗址群的概况。通过普查,寻找到近 100 处有保护价值的工业建筑,进入工业建筑遗产保护备选目录。同时,由政府出面,聘请建筑学、考古学、历史学、环艺学等方面的专家进行论证,明确保留工业建筑遗产的三条标准:一是工业建筑遗产要具有文物价值、历史价值、艺术价值、科学价值、使用价值;二是工业建筑遗产要具有建筑风格的独特性、工业行业的代表性、建筑年代的梯次性、保留种类的齐全性;三是工业建筑遗产所在的区域和整体的分布要合理有序，和城市未来的规划融为一体。基于以上标准，对初步普查出的近 100 处工业建筑逐一进行分类，按照标准进行评估排队，最后确定保留工业建筑遗产 22 处。其中厂房 3 处，包括亚洲最大的铸造厂大型车间 1 处，占地面积 4 万平方米、建筑面积 2 万平方米；沈阳重型机器厂金工车间厂房 1 处，占地面积 3 万平方米、建筑面积 3000 平方米；沈阳电机厂大型组装车间 1 处，占地面积 3 万平方米、建筑面积 2.5 万平方米。办公楼 3 处，包括沈阳电缆厂办公楼 1 处，占地面积 2 万平方米、建筑面积 1.8 万平方米；沈阳低压开关厂办公楼 1 处，占地面积 1.5 万平方米、建筑面积 1.2 万平方米；沈阳玻璃制瓶厂办公楼 1 处，占地面积 0.6 万平方米、建筑面积 0.5 万平方米。沈阳工人村宿舍区 1 处，占地面积 14 万平方米、建筑面积 3.2 万平方米。20 世纪 50 年代苏式建筑 32 栋，4 个大的围合，2010 年被沈阳市政府确定为历史文化街区。职工医院 2 处，子弟学校 5 处，工人文化宫 1 处，工厂俱乐部 1 处，1936 年的工业专用水井 1 处，工业专用水塔 1 处，工业专用铁路线 3 条，工业专用排水干渠 1 处。

对于比较重要的工业遗址，设立永久纪念标志，如沈阳拖拉机厂、沈阳红旗农机厂、沈阳小型拖拉机厂、沈阳搪瓷厂、沈阳啤酒厂等，让人们在看到标志的时候就能联想到这个建筑和企业的历史。

• 铁西仙女湖公园

对于有特色、成规模的工业建筑遗产，根据建筑的情况申报各级文物保护单位。截至目前，已有沈阳铸造厂的工业建筑遗产被核定为省级文物保护单位，铁西工人村建筑群、沈阳工人文化宫、满洲住友株式会社旧址被核定为市级文物保护单位。文物保护单位的申报将从法律政策层面对这些工业建筑遗产进行永久的保存和保护。

（三）分类开发，合理利用

工业建筑遗产区别于一般建筑遗产的最大特点是产生的年代较晚，且具有提供生产生活空间的功能。个性化开发、合理利用是保持工业建筑生命活力，实现可持续维护的重要途径。为此，铁西区在进行企业搬迁、升级改造的过程中，对工业建筑遗产的保护实施了两项重要举措：一是在保证工业建筑的外观和基本结构不变的情况下，确保水暖电等配套设施的完整性；二是将工业建筑遗产的保护纳入城市建设的整体规划，使这些具有时代记忆的工业建筑成为未来城市公共服务设施的有机组成部分，而不是城市的负担。

在以上两项措施的保障下，铁西区对工业建筑遗产进行了个性化的开发利用。

1. 改建博物馆

将工业建筑遗产改建成博物馆加以保存、保护是当今世界保护工业建筑遗产最重要的方法之一，很多著名的工业遗址都采用了这种方式进行保护性利用，如已被列入《世界遗产名录》的英国铁桥工业旧址、用羊毛仓库改建而成的波士顿儿童博物馆等。铁西区根据区域内工业建筑的规模及其原有的使用功能，结合新功能的需要先后改造建成了4座博物馆。

第一是沈阳工业博物馆，在沈阳铸造厂原址（省级文物保护单位）扩建。其前身是铸造博物馆，建成于 2007 年 6 月 18 日，占地面积 4 万平方米，建筑面积 2 万平方米，对外开放 5000 平方米，开馆三年接待观众近 10 万人次，受到社会各界的高度评价。2011 年 5 月 18 日开始扩建，新增用地 4 万平方米，新建馆舍 4 万平方米，历时一年。2012 年 5 月 18 日，沈阳工业博物馆一期建成并免费对外开放，开放面积 2 万平方米，共开设 4 个展馆，即通史馆、机床馆、铸造馆和十年成果馆，开放 10 个月接待观众近 10 万人次。2012 年 7 月 2 日，时任中共中央政治局常委李长春视察沈阳工业博物馆，给予高度评价，并对其今后建设作出重要指示。2013 年 9 月 1 日，包括冶金、重装、机电、汽车、车模及香港、铁西等 7 个展馆的二期工程建成并对外开放，展览面积扩大到 4.5 万平方米。

工业博物馆馆藏文物 3 万余件，已上展文物 1 万余件。涵盖通史馆、机床馆、冶金馆等十余个展馆。截至目前，已接待观众 20 余万人次。

· 通史馆

· 机床馆

工业博物馆建馆伊始，省市领导就把目标定位在国家级博物馆的水平上，在展馆设计方面，与中国博物馆协会、中国铸造协会、中国机床工具工业协会、中国重机协会等十余个国家级行业协会紧密合作；在展陈方案方面，强调设计的创新性、多元性和可操作性，组织各相关领域专家 200 余人次，反复论证 50 余次，数易其稿，最终形成百万字的展陈大纲；在文物征集方面，注重藏品的广泛性和代表性，征集文物的足迹遍布北京、上海、河北、黑龙江和香港等近 30 个省、市、地区，累计行程 10 多万公里，采取捐赠、借展、复制、洽购等方式，共征集到文物 3 万余件，基本满足了展览要求；在展馆功能方面，以人为本，从观众需求和展馆实际出发，规划建设了工人大食堂、VIP 会务室、会议室、培训教室、报告厅等功能区域，以及序厅和南、北广场等临时展区。让观众在此感到舒适和礼遇，成为大众愉悦身心的精神家园。

· 铸造馆车间

第二是工人画主题博物馆群，即工人村生活馆、工人收藏馆和东方美术馆，利用工人村3栋50年代工人宿舍（市级文物保护单位）改建而成，占地面积1.5万平方米，建筑面积5000平方米，其中工人村生活馆建筑面积2000平方米，真实地再现了20世纪50年代至90年代13户工厂职工家庭和当年抗大小学、供销社、邮局、粮站的原貌，包括全国政办副主席叶选平在沈阳机床厂工作时的住室；工人收藏馆建筑面积1500平方米，展出了古代锁具和近代照相机、放映机、收音机、电话机等1000余件藏品；东方美术馆建筑面积1500平方米，由著名画家、收藏家王亮个人出资建成，展出多年收藏的铸铁壶、奇石、书画等2000余件藏品。这些主题博物馆建在工业建筑遗址内，免费开放，供广大居民和游客参观，是真正社区化、无边界化的博物馆，让陈旧的工业建筑焕发了勃勃生机。

• 工人村生活馆

• 烙印

2. 改建公共服务单位

工业建筑是为提供或辅助工业生产而建，每一个建筑在工业生产活动中都发挥着特定的作用，当它们随着产业升级退出工业建设的历史舞台，同样可以为社会生活提供服务。经过论证，铁西区将一些适合提供公共服务的建筑场所改建成学校、医院，对这些建筑进行保护性利用。如将沈阳轧钢厂子弟小学改建成艳粉小学，沈阳信号厂子弟小学改建成启工一校，沈阳重型厂子弟小学改建成保工一校，沈阳高压开关厂子弟小学改建成卫工三校，沈阳铸造厂子弟小学改建成肇工三校，沈阳化工厂医院改建成铁西区惠民医院。这些工业建筑遗产改建后，大大拓展了原有的功能，由原来的企业专用变成了面向全社会的公共服务场所，既节约了建设公共服务场所的资金，又为工业建筑遗产提供了动态保护。

3. 改建旅游休闲设施

铁西区为了以更丰富的形式开发利用工业建筑遗产，以更符合城市发展需求的方式传播工业建筑遗产所承载的工业文化，深入分析工业建筑的特点与市场需求的关系，因地制宜，将工业建筑遗产改建成公共娱乐场所，建设旅游休闲景观。先后将 20 世纪 30 年代建设的原沈阳重型机器厂二金工车间改建成高档酒吧街区的核心区，将 50 年代建设的原工人文化宫改扩建成职工文化体育活动中心，将 70 年代建设的原沈阳电缆厂俱乐部改建成工人会堂，具有会议、电影、演出等多种功能，这些设施有偿低价向社会开放，有效

• 铁西·1905·创意文化园

• 劳动公园内部建有不同时期全国劳动模范雕塑群、劳模墙、劳模大道

地缓解了文化体育设施不足的问题。将原工业建筑遗产铁路专用线部分改建成观光电车线环线，连接区内的重要工业景观，既缓解了城区的交通，又成为一道亮丽的风景线。将建于1938年的铁西区企业排水总干渠改造成长达6公里的工业水景长廊，把远近闻名的臭水沟变成新的文化景观。

三 工业遗产保护利用取得良好的社会效益

　　沈阳工业博物馆自成立以来采取"请进来"、"走出去"两种方式扩大社会影响力，最大限度发挥博物馆作用，平均每天接待观众上千人次，已累计接待 40 余万人次。馆内举办特色展览，开展流动博物馆进社区、学校、企业，使公共文化资源更加扎实地走进基层，惠及普通百姓。铸造馆内小型铸造流水展示线，是集展示、演示、互动、纪念品制作于一体的多功能项目，观众可在现场进行浇铸体验；同时，该馆作为工厂职工、工科院校学生实践培训基地，目前，已接受沈阳工业大学、沈阳理工大学、东北大学等高校近千名学生分批次来馆实习；铸造馆还设置了儿童 DIY 活动场地，开设沙画、泥望、小机床等动手制作项目，从小培养孩子自己动手、享受生活的乐趣。机电馆内世界上最先进的娱乐用舞蹈机器人、足球机器人让观众在参观中体验现代科技之美、之巧、之功，也为中小学生、幼儿园小朋友提供了一个科技互动平台。博物馆报告厅定期举办大型讲座，省、市科协及国家级行业协会在此召开学术研讨会。工人大食堂以低价策略经

重型文化广场集休闲健身、应急避险、文化传承等功能为一体，围树椅是废弃的电炉盖，垃圾箱是沈重遗留下的老部件，秋千、跷跷板是老设备的再利用。

营，面向社会开放，已接待团中央、人力资源和社会保障部共同主办的第九届"振兴杯"全国青年职业技能大赛决赛等全国会议就餐30余次。作为展示工业饮食文化的窗口，工人大食堂被老百姓亲切地称为"工业博物馆的第十一个展馆"。

沈阳市铁西区对这些工业建筑遗产的保护性开发利用收到了良好社会效益，不仅赋予了工业建筑遗产新的内涵，让工业建筑遗产继续服务社会，让广大群众共享工业建筑遗产保护利用的成果，也为中国工业建筑遗产的保护利用积累宝贵经验。

四 对未来工业建筑遗产保护与利用的思考

工业建筑遗产是工业文化的重要载体，是工业文明科技进步的符号，是工业发展历史长卷的目录。保护与利用工业建筑遗产是文物保护领域的新课题。以文物保护的高度对动态发展中的当代工业建筑进行保护与利用是一项事关子孙万代的战略任务，也是全人类、全社会共同的历史责任，是充满前瞻性、挑战性和创新精神的工作，我们面临的任务仍然十分艰巨。一是缺少法律政策保障，没有国家层面保护工业建筑遗产的法律法规，一些有代表性的工业建筑遗产，在企业的升级改造过程中很可能被破坏，将不可再生。二是缺少统一规划，截至目前，没有全国范围内的国家级规划，各地区各自为政，造成有的行业工业建筑遗产重复保护，有的行业工业建筑遗产无人问津，使工业建筑文化得不到全面系统的保护传承。三是政府投入少，缺少激励机制，保护工作开展好的地区和单位得不到奖励和支持，无法持续开展保护工作，而对随意拆除有价值的工业建筑遗产的单位没有予以问责。这些问题都严重制约还处在萌芽状态的工业建筑遗产保护工作。为了有效地保护和利用工业建筑遗产，建议做好以下工作：

一是建立完善的工业建筑遗产保护长效机制。工业建筑遗产是工业发展的动态产物，在不同时期有不同的重点，保护工业建筑遗产是一项长期任务，必须建立长效机制。建议将工业建筑遗产保护列入立法和监督的重要内容，制定专门的法律法规，加大执行和监督力度；将保护工业建筑遗产列入政府工作日程，及时核定公布文物保护单位；鼓励社会各界积极参与工业建筑遗产的保护和利用，形成全社会参与、各部门齐抓共管的局面，确保有价值的工业建筑遗产得到应有的保护和利用。

• 工业文化走廊主题雕塑之雪花

二是制定完善的国家和地区的工业建筑遗产保护规划。国家组织各省、市、自治区对辖区内的工业建筑遗产进行全面的普查，制定近期、中期、远期的工业建筑遗产保护规划。根据各地区工业发展的重点，确定工业建筑遗产保留的对象，建立工业建筑遗产保护目录并向全社会公示；同时将工业建筑遗产的保护和商业旅游区、居民生活区、文化休闲区、创意产业区的建设紧密结合，在全国设立若干个工业建筑遗产保护利用特色基地，由国家主管部门命名，在新闻媒体上公布，引导和推动全国工业建筑遗产保护利用工作的健康发展。

三是加大工业建筑遗产保护利用的宣传，鼓励社会参与。充分利用各种媒体开展多种形式的宣传,通过公益广告、论文研讨、经验交流，特别是利用好每年的"5·18"国际博物馆日活动，开展主题宣传，让全社会提高对保护利用工业建筑遗产重大意义的认识，自觉加入到保护利用工业建筑遗产的行列。各级政府要加大保护利用资金的投入，制定相应的优惠政策，建立完善奖惩机制，通过一系列有效的法律政策机制的调控，使我国的工业建筑遗产保护工作有一个新的突破，为建设美丽中国、实现中华民族伟大复兴的中国梦做出新的贡献。

• 劳模浮雕墙

文化部恭王府管理中心

让文物活起来

点评

恭王府管理中心深入挖掘王府文化和古建筑文化内涵，不断丰富文物藏品、拓宽展陈内容，开展文博产品开发和服务，特别是"福"文化的活化利用，受到了广泛欢迎。

以事业带动产业发展　以产业促进事业繁荣

孙旭光

恭王府作为全国重点文物保护单位，是北京保存最完整且唯一对社会开放的清代王府建筑群，2012 年晋级国家 5A 级旅游景区，2013 年被评为国家二级博物馆，2014 年被确定为国家非物质文化遗产展示基地。

· 恭王府花园（效果图）

自 2008 年全面开放以来，恭王府以文物保护、旅游开放、博物馆建设、文化空间营造和文化产业开发五项职能作为工作的出发点和立足点，深入挖掘在历史、文化、旅游、民俗四方面的资源和潜力，打造出极具特色的"四张名片"即以恭亲王奕䜣为代表的清代王府文化所体现的历史牌，以《红楼梦》与恭王府关系为核心的文化牌，以和珅一生传奇经历为背景的旅游牌，以"福文化"为核心的民俗牌。不断提升管理、服务、业务、经营能力，形成了"以事业带动产业发展、以产业促进事业繁荣"的发展模式，实现了从单一的旅游开放向以业务建设为核心的转变，逐步成为一个展示历史、传播文化、提供服务的公共文化空间。

• 历史牌——以恭亲王奕䜣为代表的清代王府文化

• 文化牌——以《红楼梦》与恭王府关系为核心

• 旅游牌——以和珅一生传奇经历为背景

• 民俗牌——以"福文化"为核心

截至 2013 年底，恭王府累计接待游客 1812 万人次，其中散客接待人数逐年递增，体现出其影响力和知名度明显提升，已成为来北京旅游的必选景区。

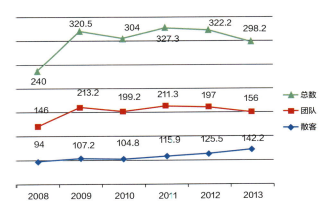

• 2008~2013 年游客的数据变化（单位／万人次），2008~2013 年接待游客总数 1812 万人次

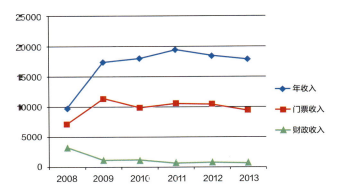

• 2008~2013 年收入情况（单位／万元）

一　文物修缮保护工作奠定开放基础

　　1978 年，恭王府启动了花园拆迁腾退和修缮保护工作。本着边搬迁边修复、循序渐进的复建原则，先后迁出了占用花园的 200 多户居民、10 个单位。于 1988 年实现了花园部分对社会开放。

　　2004 年，启动了府邸文物保护修缮工作。确定了按照清代同治、光绪年间恭王府最兴盛时期的历史原貌进行恢复性修缮，同时对此时期之前的有重要价值的历史信息也予以保留。还确定了"有原始根据的按原始根据修缮、没有原始根据的按最接近的历史根据进行修缮、既无原始根据又无历史根据的在专家指导下进行修缮、专家也吃不准的按现状进行保护性修缮"的古建修缮原则。

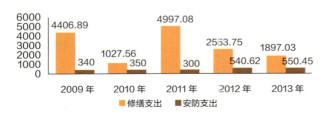

在修缮过程中，坚持采用传统建筑材料、传统建造工艺和技法。严格遵守"不改变文物原状"的原则，按照原形制、原结构，如实地保护不同历史阶段的历史信息，使各时期的历史信息具有可识别性。府邸修缮工程总面积达 12600 平方米，其中古建修缮面积约 9800 平方米，复建古建筑 2200 平方米，老彩绘保护面积约 700 平方米，新绘彩画面积 9300 平方米，绿化面积约 6000 平方米。

2008 年，恭王府府邸修缮工程全面竣工，府邸和花园终于形成了整体景观，实现了全面开放。

• 消防演习现场

二　拓宽藏品征集渠道，不断丰富馆藏，特色藏品渐成体系

针对全面开放之初无物可展的窘境，藏品征集工作以不断拓宽信息和征集渠道为突破，积极寻访流失文物，重点征集与"王府文化"相关且能够满足展览需要的文物和艺术品。同时，合理利用向国家财政争取来的文物征集专项资金，并辅以自筹资金，仅2011年至今，就已自筹3443万元用于征集文物藏品。

2008年至今，已逐渐形成了由文物、文献、当代艺术品和民俗艺术品构成的藏品体系。尤其是通过定向征集，使恭王府的馆藏在古典家具、古砚、皮影等方面独具特色。特别是在2013年，接收了北京海关无偿划拨的10393件罚没文物艺术品，极大地丰富了馆藏，为研究和陈列提供了坚实基础。还接收了由周汝昌子女无偿捐赠的周先生全部文字性遗物和收藏。其中包括各个时期不同版本的《红楼梦》、书法手迹以及与胡适、张伯驹等文化名人交往的信札、文玩收藏等，使恭王府成为红学研究和近代文化史研究的重要基地。

目前，恭王府的文物藏品总数已达12421件（套），其中，文物藏品包括字画100件、器物345件、

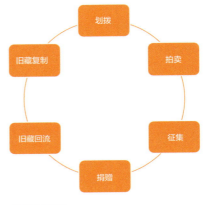

· 藏品来源渠道

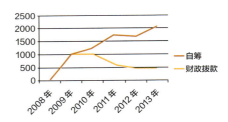

· 2008~2013年文物征集费用（单位／万元）

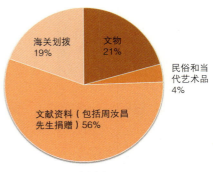

· 收藏数量为54541件（套）

老家具 495 件、拓片 380 种、古籍 135 种 694 册（张）、老唐卡 14 件、贝叶经 160 部以及北京海关划拨的 10393 件等。此外，恭王府收藏的现当代艺术品也达到了 10000 余件（套），其中，书画 928 件、各类器物 26 件套、唐卡 61 件、瓷器 79 件、紫砂壶 100 件等。民俗藏品近万件，主要包括皮影 9020 件等。周汝昌子女捐赠的周先生全部文字性遗物和收藏 3 万余件。

三 搭建王府文化研究、发展平台，博物馆建设初具规模

率先提出了王府文化的概念，并将其作为清史研究的一个领域。明确了把恭王府建设成为王府文化的研究和展示中心及王府文物和王府文献的收藏中心的总体目标。

搜集、整理与恭王府和其他京城王府密切相关的资料、照片。出版了《老照片中的大清王府》、《恭王府明清家具集萃》、《清宫恭王府档案总集——奕䜣秘档》、《清宫恭王府档案总集——和珅秘档》、《清宫恭王府档案总集——永璘秘档》、《清代王府资料汇编》、《清代王府文化研究文集》、《恭王府与溥心畬》等专著及论文集 30 余部（套），出版、印刷图录 108 种，发表论文 203 篇。

持续推动以《红楼梦》与恭王府渊源为代表的众多传统文化的研究，不断丰富王府文化的内容和内涵。举办首届王府文化国际学术研讨会、第一届清宫史研讨会以及"纪念伟大作家曹雪芹逝世二百五十周年大会暨学术研讨会"。

· 恭王府馆史展

· 文物展览

· 艺术展览

让文物活起来

四 树立"精、雅、文"的办展理念，形成交相辉映的展览格局，王府文化内涵更加丰富

从展览空间的规划和布局入手，明确了府邸集中举办各类展览、花园注重园林布局和环境营造的展示格局，并划分出观众缓冲区、游览过渡区、展览展示区、休闲服务区、体验互动区、接待服务区等12个展览区域，为游客了解王府文化、观光休闲提供了空间和场所。

确立了基本陈列、专题展览、复原陈列、原状陈列、准复原陈列、临时展览、特展等不同类型展览互为补充、交相辉映的展陈思路。明确了以王府生活场景、王府文化、恭王府历史人物展示为主体，红楼梦、福文化、家具、老照片展览为辅助，书画、文献、文物、图片、艺术品、园林艺术展览为补充，对外交流展览为纽带，增加收藏、挖掘资源的展览原则。形成了贯穿府邸花园的王府文化观览线。

恭王府艺术系列展的场次与质量逐年递增，通过展示传统、现代等多种艺术形式，不断提升文化内涵和品位。

五　文化、公益活动丰富多彩，文化氛围愈加浓厚

通过举办"恭王府里过小年"、"到王府过大年"、"二月二龙抬头"、"春分祈福"、"海棠雅集"、"非遗演出季"、"端午诗会"、"中秋寄唱"、"梅香雅韵"等贯穿全年、四季不断的系列文化、民俗活动，使恭王府逐渐成为展示、传播中华优秀传统文化和技艺的载体与平台。"海棠雅集"已连续举办四届，社会影响逐年递增，吸引了一批中青年诗人参与其中。

2014 年 3 月起举办的"园林之光"活动也将于每年与波兰、俄罗斯、法国、德国同时举办。这一特色文化活动将推动彼此的合作与交流走向深入。

建立起了一支优秀的志愿者队伍，2008 年至今，恭王府累计注册的志愿者已达 340 人。志愿者们负责日常展览讲解，节假日为广大游客、周边居民和共建单位开展讲座等公益活动。此外，我们还在每周末免费演出自编自演的历史情景剧《恭王府的主人们》和《和珅奉膳巧荐红楼梦》。特别设立了残疾人士接待日，强化了对残疾人、老年人等弱势群体的一对一服务，受到了各界的普遍好评。特制了我国第一本盲文导览图——《恭王府盲文导览图》，让视障人士能够用手触摸历史，用心感知文化。

・园林之光

・盲文导览

六　强化品牌理念，完善服务模式，注重打造符合大众需求和市场规律的产业平台

在特色产品开发方面，加大了对富含王府元素、福文化特质的文化产品的开发。通过举办"恭王府文化旅游商品设计大赛"，丰富了旅游文化纪念品的种类。目前，恭王府的旅游纪念品种类已发展到近千种，并取得了良好的销售业绩。仅2013年，恭王府的旅游纪念品销售就达到了7000余万元。

在丰富参观旅游内容方面，相继推出品茶、字画销售、古玩销售等个性化的文化休闲服务项目，设立了龙王庙请福牌、王府画廊、恭三府书画日藏复制品展示销售等项目，专设了"非遗长廊"，尝试性地增设了"王府茗园休闲区"，在丰富游览内容的同时，展示、传播了中华优秀传统文化，受到了广大游客的欢迎。

在旅游管理方面，通过实施团体预约制度，形成了团体电话预订、系统开单、门票销售等一整套规范的程序，较好地缓解了旅游高峰期的压力。探索推出新的导游销售业绩奖励办法，

• 文化创意产品

有效调动了旅行社区客源优势和导游销售的积极性，形成了恭王府产业发展和旅游市场双赢双收的良性发展态势，开创了北京旅游景区的先河。

在旅游接待方面，提出"重视散客接待的服务质量与提升经济效益并举"的经营举措，在高端游客中实行全程专人讲解、体验式导览的活动内容，并为那些对恭王府历史文化感兴趣的游客群体推荐最能体现恭王府特色、品位价值较高的文化纪念品，满足了高端散客的消费需求，弥补了系列游服务项目的局限性。

在知识产权和无形资产保护方面，坚持合理开发、适度利用，有序开展恭王府及相关品牌、名称的商标注册工作。现已获批保护性注册商标138项，涵盖服装、饮料、艺术品、出版物、文房用品、演出、旅游等众多门类，为恭王府无形资产的保护、进一步的经营开发提供了有力保障。

七　加强对外交流，拓展合作渠道，积极推动中华传统文化和王府文化走出国门

通过形象宣传图片展、历史文物和场景再现展、旅游文化推介展三种形式，先后在德国首都柏林、丹麦腓特烈堡国家历史博物馆、智利首都圣地亚哥、波兰首都华沙皇家瓦津基博物馆内的"中国大道"举办了特色鲜明的系列展览，受到当地观众及海外众多媒体的普遍好评。

积极参加国际性学术交流，从不同角度介绍恭王府在博物馆建设、公共文化空间营造、推动文化遗产保护等方面的做法和经验。先后应邀参加了国际博物馆与肖像艺术馆馆长论坛、园林之光合作论坛、中欧

文化对话论坛、中非博物馆馆长论坛、2014两岸创意产业合作论坛等。并成为2015年第五届国际肖像大赛和肖像展中国地区的主办方。

2013年，在北京成功举办了"2013恭王府论坛——中欧王府与古堡遗址博物馆发展之道"，并与来自欧洲11个国家的17家王宫与古堡博物馆，以及中国9家相关单位的代表签署了《中国明清王府博物馆与欧洲王宫古堡博物馆关于合作开展文化遗产保护和旅游开发的合作意向书》。此次论坛是国内第一个以"中国王府与国外古堡发展"为主题的论坛活动。

与波兰瓦津基博物馆签署长期合作协议，承担在波兰最后一个皇家园林修建"中国园"的设计和施工。该项目由中国工匠采用中国传统建筑工艺、材料和样式修建，是一个在海外宣传中国文化，展示中国古建艺术的窗口和平台。

让文物活起来

• 银安殿

山西临汾市曲沃县文化局

让文物活起来

点评

　　山西由沃县突出吸引社会力量投入低级别不可移动文物的保护与利用，扩大了保护主体，开辟了利用途径，在通过使用权转让吸引社会资金投入文物保护上迈出了难得的一步。

社会参与　合理利用
努力推进文物保护工作改革发展

李水和

　　曲沃县位于山西省南部，隶属临汾市，曾是晋国古都所在地，历史传承悠久，文物古迹众多。目前全县共有各类文物点 550 处，其中公布为文物保护单位的 189 处（全国重点文物保护单位 5 处、省级文物保护单位 7 处、县级文物保护单位 177 处）。现存古建筑中，宋代至清代的 264 处，百年以上的 228 处，其中已公布为各级文物保护单位的 74 处，尚未公布为文物保护单位的达 418 处，占到总数的 85%。

　　近年来，在国家和省有关部门的大力支持下，我县省级文物保护单位以上古建筑基本得到了维修保护，周边环境也有了很大改善，但还有 70 多处市、县级文物保护单位古建筑年久失修、亟待保护，400 余处一般古建筑更是岌岌可危、濒临灭失。

　　面对日益严峻的古建筑保护现状，我县立足改革，创新工作机制，在鼓励社会力量参与古建筑保护和利用方面开展了一些探索，取得了积极成效。

· 西海龙王庙

一　主要做法和效果

（一）领导高度重视

县委、县政府把文物保护利用作为"文化立县"战略的重要组成部分，县人大常委会本着"传承文明、弘扬文化"的理念，按照"谁保护、谁利用，谁投资、谁受益"原则，以相关法律法规为依据，借鉴国内外成功经验和做法，结合曲沃古建筑保护工作的实际情况，于 2010 年 10 月正式出台了《曲沃县古建筑认领保护暂行办法》。该《办法》既对社会认领保护做出了详细规定，做到了有章可循，同时又给企业家认领保护提供了有力保障，营造了良好环境，促进了认领保护工作的有序开展。

（二）社会积极响应

古建筑认领保护暂行办法出台后，我县及时遴选、公布了一批价值较高、亟须维修的县级以下文物保护单位古建筑进行认领保护，得到了社会的积极响应。截至目前，全县已有桥山黄帝庙、南林交龙泉寺、西海龙王庙、义城黄帝庙、神泉黄帝庙、西海童儿宫等6处濒危古建筑得到认领保护，总投资近1.5亿元。与此同时，县委、县政府给参与认领的企业家披红戴花，颁发文物保护特别荣誉奖，提升了企业家的社会地位，促进了认领保护工作的开展。目前，全县新一轮认领保护工作正在着手推进中。

• 曲沃县古建筑认领保护签字仪式

让文物活起来

• 南林交龙泉寺维修前后对比图

（三）强化全程监管

首先做好顶层设计，通过出台《曲沃县古建筑认领保护暂行办法》，从关口上做出严格规定，为古建筑维修、管理和利用提供制度保障。其次做好事中监管，文物部门从方案制定、项目报批，到协议签订、资格审核，再到施工管理、检查监督，都做到了规范、严谨，确保古建筑修缮依法合规地有序进行。其三做好事后监管，在修缮完成之后，文物部门还要不断进行串门式跟踪监管，对不履行相关责任和义务、不认真进行管理和经营的，文物部门将及时督促纠正，造成重大损失的将终止协议。

· 古建筑认领保护签字仪式

（四）合理利用开发

我县坚持统筹文物保护与利用，及时将认领保护的古建筑纳入"六点一线"精品文化旅游带规划，进行综合挖掘和打造。认领人也都结合实际，因地制宜，依托古建筑发挥公益作用。如下义城皇帝庙恢复了传统庙会，义城黄帝庙筹划开办农民文化室，南林交龙泉寺与本村景区结为一体开展乡村游，投资 1.2 亿元的以黄帝庙为主体的桥山黄帝文化风景区也将开展文化旅游业。企业家还资助大悲院开办了民俗博物馆。丰富多样的文化和商贸活动，使这些古建筑不再"闲置"，发挥了应有的利用效果。

• 在修复后的古建筑内开展演出活动

（五）上下合力支持

曲沃县社会力量认领保护古建筑的做法，得到了有关部门的充分肯定和社会舆论的高度关注。国家文物局安排我省进行社会力量参与文物保护专题研究。省领导还就我县古建筑认领保护工作做出重要批示。省文物局于 2012 年 6 月在我县召开了社会参与文物保护工作座谈会，向全省推广了我县古建筑认领保护的做法。新华社、光明日报、中国文物报、山西日报等新闻媒体对我县古建筑认领保护进行了宣传报道，产生了较大的社会影响和促进作用。

二　实践体会和启示

经过三年多的实践，我们从社会力量参与古建筑保护利用中，获得了以下几点体会和启示：

一是顺应了文化改革趋势。党的十八届三中全会对全面深化改革作出了战略部署，文物系统也不例外。改革开放给文物事业带来了新生和活力，改革创新也是文物事业可持续发展的根本途径。目前，我国仍然处于社会主义初级阶段，仅仅依靠政府唱独角戏的方式，要完成日益繁重的文物保护任务是不可能的。应当以改革的思维破解难题、以改革的举措激发活力，尽快建立政府主导、社会参与的文物保护新体制。我县古建筑认领保护的积极探索，体现了文化建设的时代要求，也顺应了文物工作的改革发展趋势。

二是拓展了社会参与空间。长期以来，我们文物部门尽管身单力薄，却具有"包打天下"的胆魄，背负了许多既干不了、也干不好的保护任务，很多时候对低级别的文物保护单位往往只能

• 落架大修

做到争取政府及早公布，特别是对众多的一般古建筑文物，往往既没有经费进行维修，也没有力量进行管理，致使文物遭到自然或人为的破坏、损毁而束手无策、回天无力，受到社会舆论的诘问。我县进行的古建筑认领保护，就是发动、鼓励和引导一切有意愿、有能力的民间资本和社会力量，自觉、自愿、有序、规范地进入文物保护领域，可以说是对社会参与文化遗产保护空间的拓展和延伸。

三是激活了群众文化自觉。广大人民群众对自己身边具有千百年历史的文物有着一种天然的、根植于内心的敬畏情结和保护意识。我们的古建筑认领保护得到了全县广大干部群众的一致赞同，在义城黄帝庙维修开工仪式上，全村数百乡亲在庙前长跪庆贺、祈福许愿；一位以卖烧纸为生的老太太听说南林交龙泉寺要维修，立即拿出100元捐助工程；有的群众自发地兰起了维修保护工程义务监督员和协调员等等，这都说明我们的古建筑认领保护得民心、顺民意，也说明人民群众的参与是文物保护的正能量、原动力。

四是解决了保护管理难题。长期以来，我们的文物保护尤其是古建筑修缮保护，往往陷入了保护难、管理更难的两难境地。为解决这一历史难题，我们在遴选古建筑认领保护人时，不仅考察他们的自愿程度，还着重考察他们的社会公信度；既要看他们维修古建筑的资金实力，还要看他们管理利用古建筑的经营能力。也就是说，愿望、信誉、实力、能力四位一体、缺一不可，符合条件的认领者方能按照认领协议履行责任和义务，这就为解决长期困扰文物部门的古建筑保护既没钱修、又没人管的老大难问题找到了一条新路。

215

• 四牌楼

三　问题和建议

一是利用问题。按照认领协议，认领者在协议约定的时间内具有使用、管理和经营权，但是怎么使用？是沿袭该古建筑原来的功能继续使用，还是可以拓展和增加新的使用功能？一般农村的古建筑，大多数是古庙宇，长期以来是当地群众祭祀、敬神、祭祖的场所，如果沿用这种功能，认领者担心会不会有搞封建迷信之嫌？如果增加拓展其他用途，哪些可以搞，哪些不可以搞？谁来引导，谁来定夺？

二是创收问题。在市场经济条件下，纯粹的捐助善举难能可贵，政府应该给予大力提倡、鼓励和表彰，但更多的投资人往往需要利益上的补偿或回报，这也无可厚非。一些认领者担心投资了几百万、上千万，如果沿用古建筑的传统功能使用收益太慢；如果在坚持公益属性、确保文物安全的前提下拓展其他创收经营项目，什么项目允许经营？经营收益如何分配？

三是管理问题。一些认领者担心，按照认领协议，自己负有古建筑的使用与管理权，但是古建筑的安全问题风险很大，特别是古建筑位于农村村落之中或是在荒野之外，面对建筑失火、构件丢失、自然灾害、人为破坏等诸多不安全因素，首先是自己没有或不具备安全管理经验和力量，其次是一旦发生安全事故，责任谁来承担？如果要自己完全承担，责任太大，搞不好会好事变成坏事，带来很多麻烦。

让文物活起来

四是继承问题。尽管我县开展了社会力量参与文物保护的积极探索，但远远没有形成普遍盛行的社会风气，这里有着多种多样的原因，其中一个就是认领者多有顾虑，自己花大钱认领修复了古建筑，本意是想做一件好事，回报社会，造福百姓，功在当代，泽被后世。但是如果自己百年以后，协议尚未到期，自己的后人能不能按照协议继续履行相关责任？如果协议到期，谁来继承，如何继承？

鉴于上述问题，我们提出两个建议：

一是加快社会力量参与文物保护入法进程。现行的文物保护法律法规基于文物工作方针和政府主导的出发点，对社会力量参与只有鼓励性的、原则性的表述，缺失对参与者责权利的相关具体规定，操作性也不强，使管理部门和参与者在实际工作中面临着很多难题，无所适从。应当解放思想，结合实际，以改革的精神和创新的勇气，在新一轮《文物保护法》修订中，对社会力量参与文物保护的税费优惠、荣誉激励等方面，做出合理可行的法律规定，提供完备充足的法律依据，促进社会参与文物保护依法合规地有序开展。

二是加快社会力量参与文物保护理论体系建设。随着广大人民群众物质财富的不断丰富和文化需求的日益增长，公众参与文物保护管理利用的社会氛围也愈来愈浓。对于这样巨大的社会诉求，我国文化遗产保护领域没有科学、明确、具体、有力的理论支持。我们建议探索、建立一套理论上有据、实践上可行、渠道上畅通的理论体系和操作程序，回应这种诉求，支撑这种实践，鼓励和吸引更多有识之士和民营资本投入到文物的维修、保护、管理和利用中来。

· 古建一隅

让文物活起来

后记

党的十八大以来，习近平总书记就弘扬中华优秀传统文化做出了一系列重要指示，特别是在中央政治局第 12 次集体学习时强调指出，要系统梳理历史文化资源，让收藏在禁宫里的文物、陈列在广阔大地上的遗产、书写在古籍里的文字都活起来。广大文物工作者积极响应，立足本职，勇于探索，努力实践，在文物合理利用工作中取得了可喜的成果。为了深入贯彻落实习近平总书记系列重要讲话精神、交流总结各地文物合理利用工作的新经验，2014 年 7 月，国家文物局在宁夏召开了文物合理利用工作交流会，本书收录了文化部副部长、国家文物局局长励小捷同志的讲话和 12 个大会发言材料，希望本书的出版能够为深入开展文物合理利用工作提供有益借鉴。

编者

2014 年 10 月